高职院校文化育人的理论与实践研究

张 嘉 著

吉林出版集团股份有限公司

图书在版编目（CIP）数据

高职院校文化育人的理论与实践研究 / 张嘉著. — 长春：吉林出版集团股份有限公司，2024.8. — ISBN 978-7-5731-5813-0

Ⅰ.G718.5

中国国家版本馆 CIP 数据核字第 2024VY1333 号

高职院校文化育人的理论与实践研究
GAOZHI YUANXIAO WENHUA YUREN DE LILUN YU SHIJIAN YANJIU

著　　者	张　嘉
责任编辑	赵利娟
封面设计	牧野春晖
开　　本	710mm×1000mm　1/16
字　　数	148 千
印　　张	10.5
版　　次	2025 年 1 月第 1 版
印　　次	2025 年 1 月第 1 次印刷

出版发行	吉林出版集团股份有限公司
电　　话	总编办：010-63109269
	发行部：010-63109269
印　　刷	三河市悦鑫印务有限公司

ISBN 978-7-5731-5813-0　　　　　　　　定价：79.00 元

版权所有　侵权必究

前言 PREFACE

随着社会的快速发展和科技的日新月异，高等职业教育作为我国教育体系的重要组成部分，肩负着培养高素质技术技能人才的重要使命。在这个过程中，高职院校的文化育人功能日益凸显，成为推动学生全面发展和提升教育质量的关键因素。

高职院校的文化育人不仅涉及知识的传授和技能的训练，更涵盖学生精神世界的塑造、价值观念的引领以及创新能力的培养。它要求高职院校在传授专业知识的同时，注重培养学生的文化素养、道德品质和创新能力，使学生成为既具有专业技能，又具备良好综合素质的复合型人才。

本书旨在全面探讨高职院校文化育人的理论与实践，深入分析高职院校文化育人的背景、概念、特点、基本要求以及理论依据，并结合当前高职院校文化教育与校园文化构建的现状，揭示其中存在的问题及原因。同时，本书还将探讨高职院校文化育人的价值导向和现实意义，以及校园文化、校园行为文化和网络文化在育人过程中的作用。在此基础上，本书将提出高职院校文化育人的实践路径，包括精神文化建设、制度文化建设、行为文化建设及环境文化建设等方面，为高职院校的文化育人提供具体的指导和参考。

本书还将关注新时代高职院校在文化育人方面的人才培养创新。在新时代背景下，高职院校需要不断探索文化建设的新路径、新方法，以适应社会发展的新需求。本书将分析新时代高职院校在文化建设和人才培养方面的基本着力点，探讨高职院校人才培养的核心影响力，并构建高职院校人才培养的载体，以期推动高职院校在文化育人方面的创新发展，为社会培养更多高素质技术技能人才。

希望本书的研究，能够为高职院校的文化育人提供新的思路和方法，促进高职院校教育质量的提升，为我国的经济社会发展贡献更多的力量。

本书在编写过程中参考了众多书籍和资料，在此表示诚挚的感谢。由于时间和精力有限，本书内容可能存在疏漏之处，恳请广大读者批评指正！

张　嘉

2024 年 4 月

目录 CONTENTS

第一章 高职院校文化育人概论 ·· 1
    第一节　高职院校文化育人的背景 ··· 1
    第二节　高职院校文化育人的概念与特点 ································ 10
    第三节　高职院校文化育人的基本要求 ·································· 22
    第四节　高职院校文化育人的理论依据 ·································· 25
    第五节　高职院校文化育人的主要内容 ·································· 28

第二章 高职院校文化教育与校园文化构建的现状探讨 ············· 34
    第一节　高职院校文化育人的现状及存在的问题 ····················· 34
    第二节　高职院校校园文化建设中存在的问题及原因分析 ········ 43

第三章 高职院校文化育人的价值导向与现实意义 ····················· 55
    第一节　高职院校文化育人的价值导向 ·································· 55
    第二节　高职院校文化育人的现实意义 ·································· 58

第四章 高职院校文化育人的功能与影响力 ································ 71
    第一节　高职院校校园文化的育人功能 ·································· 71
    第二节　高职院校校园行为文化的育人功能 ·························· 86

第三节　高职院校网络文化的育人功能·················110

第五章　新时代高职院校人才培育创新··················126
　　第一节　新时代高职院校人才培育的基本着力点·········126
　　第二节　高职院校人才培育的核心影响力探讨···········131
　　第三节　高职院校人才培育载体构建及其意义探讨·······141
　　第四节　探索高职院校文化建设以培育高技能人才·······149

参考文献··160

第一章

高职院校文化育人概论

第一节 高职院校文化育人的背景

我国高职院校文化育人的背景可以从多个层面进行分析：宏观背景是社会主义核心价值体系与社会主义核心价值观的建设和培育；中观背景是立德树人、提高高等教育质量、增强高职院校思想政治教育实效性以及大学职能拓展；微观背景是由于多种因素的影响，我国当代大学生在心理和思想上呈现出的新特点。

一、宏观背景

（一）构建社会主义核心价值体系和培养社会主义核心价值观为高职教育的文化育人功能赋予了新的内涵

在 2006 年 10 月，中国共产党十六届六中全会审议通过了《中共中央关于构建社会主义和谐社会若干重大问题的决定》（以下简称《决定》）。《决定》着重指出，构建和谐文化对于建设社会主义和谐社会具有重大意义，而社会主义核心价值体系是这一文化建设的基石。这一表述凸显了社会主义核心价值体系在社会主义文化建设中的核心地位和深远影响。作为社会文化的一个重要组成部分，校园的文化建设自然而然地融入了社会主义文化建设的大潮。因此，高职院校在文化建设的道路上，应将构建社会主义核心价值体系视为根本目标。同时，高职院校的文化建设也是实现这一目标的有效途径，能够通过校园文化潜移默化地影响学生的思想观念，增强他们对社会主义核心价值体系的认同感。在具体的实践过程中，高职院校需遵循以下原则：在思想引领上，坚定不移地以马克思主义为指导；在理想信念上，积极树立中国特色社会主义的共同理想；在精神凝聚上，大力弘扬爱国主义精神；在创新吸引上，着力培育以改革创新为核心的时代精神；在道德教育上，深入开展社会主义荣辱观教育。

到了2012年，党的十八大进一步提出了社会主义核心价值观的三个层面：国家层面倡导富强、民主、文明、和谐，社会层面倡导自由、平等、公正、法治，个人层面倡导爱国、敬业、诚信、友善。这一价值观的提出为全社会提供了明确的价值导向。2013年12月，中共中央办公厅印发了《关于培育和践行社会主义核心价值观的意见》（以下简称《意见》）。《意见》中明确指出，社会主义核心价值观不仅契合了中国特色社会主义的发展需求，还承袭了中华优秀传统文化和人类文明的优秀成果。对于高等教育，特别是高职院校来说，立德树人是其根本任务。因此，在高职教育的每一个环节，从教学到管理，都应把育人为本、德育为先的原则放在首位。为了更有效地实现这一目标，高职院校需要不断探索和拓展育人的新途径，如将课堂教学与社会实践紧密结合，加强校园媒体建设，完善文化活动设施，不断优化校园和周边环境，以期培养出德智体美劳全面发展的社会主义建设者和接班人。这样的教育方针不仅有助于提升学生的综合素质，还为社会主义核心价值观的传承和弘扬奠定了坚实的基础。

2022年党的二十大报告中提出广泛践行社会主义核心价值观。社会主义核心价值观是凝聚人心、汇聚民力的强大力量。弘扬以伟大建党精神为源头的中国共产党人精神谱系，用好红色资源，深入开展社会主义核心价值观宣传教育，深化爱国主义、集体主义、社会主义教育，着力培养担当民族复兴大任的时代新人。

（二）建设社会主义文化强国对高职院校文化育人提出新要求

党的二十大提出，推进文化自信自强，铸就社会主义文化新辉煌：全面建设社会主义现代化国家，必须坚持中国特色社会主义文化发展道路，增强文化自信，围绕举旗帜、聚民心、育新人、兴文化、展形象建设社会主义文化强国，发展面向现代化、面向世界、面向未来的，民族的科学的大众的社会主义文化，激发全民族文化创新创造活力，增强实现中华民族伟大复兴的精神力量。

作为社会发展需求的积极响应者，其发展轨迹与国家文化建设的脉搏紧密相连。在文化强国的战略布局中，高职院校凭借其作为知识与技能人才培养基地的独特地位，承担着传承、创新与推广中华优秀传统文化的重要职责。面对新时代的召唤，高职院校在文化育人方面需采取以下几项关键举措：

（1）强化文化育人的核心地位：高职院校须将传统文化的精髓深深植根于教育体系的方方面面，确保文化教育与专业教育并重，形成全方位、全过程的文化育人机制。

（2）创新文化教育理念与模式：高职院校应积极探索符合现代教育趋势且具有校园特色的文化教育新路径，创立独特的文化教育品牌，以增强校园文化的吸引力和感染力。

（3）激发学生的文化创新潜能：鼓励学生结合所学专业知识，大胆创新，创作出富有文化底蕴、具备时代影响力的优秀文化作品，从而在实践中提升文化创新能力。

（4）拓宽国际文化交流平台：利用国际教育资源和合作项目，加强与海外高等职业院校在文化育人方面的互动和合作，共同探讨多元文化背景下的教育模式，提升学生的国际视野和跨文化沟通能力。

中华民族深厚的历史文化底蕴，是我们追求文化强国梦想的坚实根基和不竭动力。在这一新的历史节点上，高等职业院校更应充分利用自身优势，不仅致力于培养既懂专业技能又具深厚文化底蕴的复合型人才，还积极参与推动具有鲜明中国特色的文化产业发展，为实现中华民族伟大复兴的中国梦添砖加瓦。此番行动，既是对国家文化发展战略的积极响应，也是高等职业教育自身转型升级、提升国际竞争力的重要途径。

二、中观背景

（一）立德树人成为新时期高等教育根本任务并对文化育人提出新要求

党的十八大报告指出，把立德树人作为教育的根本任务，培养德智体美全面发展的社会主义建设者和接班人。"立德树人"首次确立为教育的根本任务，是对党的十七大"坚持育人为本、德育为先"教育理念的深化，指明了今后教育改革发展的方向。党的二十大报告再次指出，全面贯彻党的教育方针，落实立德树人根本任务，培养德智体美劳全面发展的社会主义建设者和接班人。立人先立德，人的培养，必须坚持德育为先，这为进一步做好新形势下的高职院校文化育人工作指明了方向、提出了更高要求。

青少年学生正处于学习知识和培养健康人格的关键时期，他们的思想道德和科学文化素质直接关系到国家及民族的命运与未来。因此，高职院校必须将立德树人作为教育教学的根本任务，广大教育工作者应牢固树立立德树人、育人为本、德育为先的理念，不断提高德育工作的针对性和实效性。

要提高德育的实效性，文化育人是一个有力的帮手。优秀的高职院校文化本身就是一种潜在的德育因素，它以深刻而持久的潜在力量影响着学生的思想、情感及内心世界，使其形成牢固的道德观念、崇高的思想品质和积极向上的人格精神。从某种意义上说，高职院校的教育工作者都是德育工作者。

为了完成立德树人的根本任务，高职院校需要不断提升教育工作者的育德意识和育人能力，打造高素质的德育队伍。高职院校的思想政治课教师、班主任以及辅导员等都是德育工作的骨干。另外，高职院校应引导思想政治课教师牢固树立"立德树人"的职业理想与操守，加强能力锻炼和岗位培训，增进交流，培养素质过硬、作风优良、管理水平高的德育队伍。

总之，高职院校要充分发挥文化育人的作用，提高德育工作的针对性和实效性，培养具有良好思想道德和科学文化素质的青少年学生，为国家和民族的未来贡献力量。

（二）增强高职院校思想政治教育实效性对文化育人提出新要求

提升高等职业教育的质量，特别是在思想政治教育领域的成效，对于培养适应国家发展需求的高素质技术技能型人才至关重要。这不仅涉及教学内容与方法的革新，更深层次地触及如何通过文化育人策略，有效塑造学生的价值观、增强其社会责任感，从而全面提高教育质量。在此背景下，高职院校面临着将文化育人理念深度融入思想政治教育的新挑战，旨在通过一系列创新举措，增强教育的针对性与实效性。

首先，高职教育需坚持"以人为本"的核心理念，确保校园文化的培育能够贴近学生实际，通过正面激励与情感关怀并重的方式，促进学生全面发展。这意味着，教师在教育过程中不仅要关注知识传授，更要重视对学生精神世界的塑造，通过文化的滋养，激发他们的内在动力与创造力。

其次，提升人才培养质量成为文化育人工作的核心目标。高职院校需紧跟时代脉搏，不断更新教育观念，紧密对接产业需求，培养既具备扎实专业技能，又具备良好思想品德的社会所需人才。这要求教育内容与方法不断创新，同时深入挖掘和传承优秀文化，特别是将马克思主义中国化的最新理论成果融入教育实践，形成独特的校园文化品牌，增强文化的吸引力和感染力。

最后，高职院校应强化其文化对社会的辐射功能，鼓励科研与社会实践相结合，通过项目合作、文化交流等形式，使学生在服务社会的过程中深化学习体验，同时也让优秀的地域文化成为滋养学生成长的宝贵资源。

思想政治教育实效性的提升，关键在于实现教育内容与形式的双重革新。这包括确保教育活动能够有效促进学生内在思想道德素质的提升，以及外在表现为对社会正向贡献的增强。此外，提高教育效率，即以有限的教育资源实现最佳教育效果，也是不可忽视的一环。面对市场经济发展带来的多元价值观冲击，高职院校需灵活应对，通过更加贴近学生生活实际的教育方式，如情境教学、体验式学习等，替代传统灌输式教学，以增强学生的主动参与度与教育的实效性。

（三）大学职能的扩展为高职院校的文化教育提供了坚实的组织基石

随着社会的进步，大学的角色已经从单一走向了多元化。这些职能不仅是大学发展的产物，而且是推动其继续前进的动力。知识作为大学教育的核心和与社会的连接点,为大学职能的深化和扩展提供了源源不断的能量。大学职能的演变会在其组织结构上得到体现,因为实质性的改变必然引发结构性的调整。大学职能的转变既是大学组织变革的先决条件,也是其保持稳定性的重要因素。大学主要承载着传播知识、进行科学研究以及提供社会服务的三大职能。文化作为大学发展的关键因素,随着大学的进步而进步,是大学持续存在的精神支柱。

高职院校应以学生为中心,积极推动文化的传承与创新,并坚持科学发展观,继承和弘扬优良传统。在文化育人方面,高职院校在坚守正确的政治和价值导向的基础上,应致力于向学生传授中华优秀传统文化,同时积极借鉴外部的优秀文化。在提高学生专业技能的同时,也要注重培养他们的道德品质。在激发学生创新思维的同时,也要强化他们的实践能力。在鼓励学生个性发展的同时,也要关注他们的全面发展。

三、微观背景

(一)新时代大学生心理特性对高职教育文化培育策略提出革新要求

当下的高校环境中,00后大学生构成了学生主体,他们的成长背景极为独特:国际环境快速变化,国内正处于深化改革与快速发展中,政治、经济、文化景象及科技的日新月异,加之独生子女政策下家庭结构的特殊性,共同塑造了他们区别于90后、80后的独特心理面貌。这些特征,对高职院校的文化育人工作提出了新的要求与挑战,要求教育模式的创新与适应性增强。

"00后"大学生的心理特点如下。

1. 以网络作为获取知识的主要渠道

作为互联网原住民,00后大学生的生活与网络紧密相连,网络不仅是一种工具,更是他们获取信息、进行社交互动、表达自我的重要平台。高职院校应当积极利用这一现实,创新文化育人载体,如通过社交媒体(如微信、微博)、在线学习平台和个人空间等,构建线上学习社区和文化分享空间。鉴于移动互联网的高度普及,特别是即时通信应用的广泛使用,开发适合移动端的教育内容和互动方式变得尤为重要。通过数字化手段,高职院校不仅能够拓宽教育的时空界限,还能更好地吸引学生的兴趣,提升教育的参与度和有效性。

2. 求知欲旺盛与新事物接纳能力强

00后大学生在一个信息爆炸的时代中成长,他们的视野广阔、好奇心强,乐于探索未知,敢于挑战传统,追求创新。这意味着高职院校的文化教育,要在保持传统文化精髓的同时,开放性地吸纳全球各地的优秀文化元素,不断充实和更新教育内容,侧重于培养学生的创新思维与实践操作能力,鼓励他们将理论知识与实际操作紧密结合,通过项目式学习、创新工坊等形式,满足他们对新鲜事物的探索欲。

3. 追求自主化和个性化

与过去相比,00后大学生拥有更强的自我意识,偏好隐性、引导式的教育方式,而非直接的知识灌输。他们能够自我反思,认识到自身的长处与短处,并倾向于通过自我展示与自我调整来实现个人成长。高职院校应顺应这一趋势,发展出更加人性化、个性化的文化培育体系,利用讨论会、工作坊、心理辅导等多种形式,营造一种鼓励自我表达、自我提升的环境,让学生在主动参与和探索中形成自我驱动力。

(二)高职院校文化育人需应对大学生思想的新挑战

00后大学生的思想观念与过往的学生有着显著的不同。这批学生的思想更为开放，思维也更为敏捷。虽然他们依然坚守马克思主义的世界观，但在政治观、人生观、道德观、法治观等方面，他们展现了独特的视角和态度。

1. 道德素质良好但缺乏集体主义精神

00后大学生个性鲜明，拥有独立的思维能力，这是他们宝贵的品质。然而，由于成长环境的影响，一小部分学生可能会表现出以自我为中心的倾向，更倾向于独立完成任务。这种倾向在某些情况下可能导致他们在集体活动中过于强调个体价值，对团队和集体的利益关注不足，缺乏必要的责任感和集体荣誉感。

2. 政治觉悟较高

00后大学生怀有强烈的爱国主义精神。一旦国家利益受到外部威胁，他们会迅速并明确地作出反应。鉴于此，高职院校在为他们提供专业知识的同时，更应该加强爱国主义教育，帮助他们进一步深化和提高自身的政治觉悟。

3. 法律意识有待加强

从整体上看，00后大学生的心态是积极向上的。他们大多数有理想、勤奋刻苦，并遵守法律法规。但在高职院校中，仍有一些学生对法律知识不够重视，法律意识相对淡薄。尽管学校为他们开设了法治教育课程，但部分学生对此并不感兴趣，也不太重视思想政治的学习。一项对高职院校学生的法律意识的调查显示，超过半数的学生认为自己的法律知识不足，近半数的学生认为法律知识对他们来说是非常重要的。

4. 有理想但价值取向偏功利

现代社会的进步为00后大学生带来了前所未有的便利。他们都怀揣着自己的理想，但面对现实的市场竞争和复杂的利益关系，部分学生的人生目标发生了偏移。他们中的一些人开始将物质追求如有房有车，视为自己奋斗的主要目标。这种功利性的价值取向在当今社会并不罕见,如在某些热门相亲节目中,有女嘉宾坦言"宁可坐在宝马车里哭,也不坐在自行车上笑"。这影响了当前部分学生的人生价值观。

高职院校作为文化和知识传播的重要阵地之一,必须正视并重视学生思想的多样性和差异性。为了更好地培养学生,学校应根据每个学生的特点进行有针对性的教育,与时俱进地更新教育方法。高职院校需要不断更新文化育人的理念,深入理解其内涵,确保教育工作与学生的日常生活紧密相连。此外,学校还应重视物质、制度、精神、活动及网络等多方面的文化影响,全面加强对学生的世界观、人生观、价值观和法治观的教育,努力培养出真正符合社会和国家需要的高素质人才。

第二节 高职院校文化育人的概念与特点

一、高职院校文化育人的相关概念

(一)文化与高职院校校园文化的定义

1. 文化的定义

"文化"这个词在我们的日常生活中经常被提及,但为这个广泛使用的概念下一个简洁而明确的定义却是一项挑战。随着对文化研究的深入和文化热潮的兴起,人们对"文化"的理解的差异也越来越大。

"文化"这个词源于拉丁语,最初的含义是耕种土地和培育植物。在我国古代,也有"以文教化"的说法。西方学者中最早为文化下定义的是英国人类学家爱德华·伯内特·泰勒。他认为文化是一个复合体,包括知识、信仰、艺术、道德、法律、习俗以及作为一个社会成员的人所习得的其他能力和习惯，这是人类为了适应环境和改善生活方式所做出的努力的总成果。

我们今天普遍使用的"文化"概念是19世纪末从日语中转译过来的。由于当时并没有对文化进行明确的定义，所以人们在使用时会根据自己的需求来界定。因此，在不同的语境中，文化有着不同的解释。目前，学术界对文化的分类有广义和狭义两种。广义的文化指的是人类在实践中创造的精神财富和物质财富的总和；而狭义的文化指的是人们普遍的社会习惯，如衣食住行、生活方式、行为规范等。文化是一种在社会中普遍存在的信仰和共同遵守的规范及惯例。当人类的物质生活达到一定的水平时，人们对精神和文化的需求更为迫切，对文化的理解也逐渐深化。随着社会的进步，大学及其文化开始受到人们的关注。

2. 校园文化的定义

校园文化是一个内涵广泛且深刻的概念。在学术界，人们普遍接受的定义是：校园文化是以大学生为主体，以他们的课外活动为主要内容，并以大学校园为主要空间展开的一种群体文化现象，其核心特征是校园精神。高职院校的校园文化，作为在这一特定教育环境中产生并持续发展的文化现象，是整体文化的重要分支。这种文化是在高职院校长期办学过程中逐步形成的，融合了教育学生的文化和影响社会的价值文化，展现出多元化、时代感、开放性和前瞻性等多重特点。

从参与主体的角度来看，高职院校的校园文化主要包括三个部分：教师文化、管理者文化和学生文化。从文化的具体内容层面分析，它可以细分为物质文化、制度文化、精神文化和活动文化四大部分。这四个层面在高职院校的校园文化中相互关联、相互支持。它们共同作用于高职院校的教育环境，其中，物质文化为整个校园文化提供基础，精神文化是其核心、灵魂，而制度文化起到关键的保障作用。

值得一提的是，随着互联网技术的广泛普及和深入应用，网络在教育中的育人价值日益凸显，尤其在高职院校的文化教育中，网络文化的影响越来越大。网络文化不仅大大提高了校园文化的科技含量，还极大地丰富了校园文化的表现形式。如今，它已经成为校园文化中不可或缺的一部分。充分利用并不断创新这一教育载体，对于高职院校的文化教育具有重大意义，是推动高职院校文化教育走向现代化的关键步骤。

在理论上，社会主义核心价值体系为高职院校的文化教育提供了有力的思想引导和精神支持。构建和谐的文化氛围是每一所高职院校校园文化的核心追求。这种特定的文化氛围与高职院校的教育目标高度一致，即通过和谐的思想教育引导、激励和塑造学生，从而对学生的价值观产生明确的导向作用。

高职院校的校园文化是区分不同大学的重要标志之一。作为一种独具特色的文化现象，它对高职院校的生存和长远发展具有决定性影响。高职院校的校园文化既是社会文化的一部分，又受到社会文化的影响。它是在高职院校长期的办学过程中逐步形成的，深刻体现了高职院校的特色、理念和精神。这种文化通过其强大的感染力和凝聚力，得到了广大师生的共同认可和支持。高职院校汇聚了大量的知识分子，他们凭借自身的知识、理性和道德良知，为高职院校的校园文化注入了独特的先锋性、独立性、批判性和开放性特质。

在某种程度上，高职院校校园文化的高度和发展方向，代表了一个社会的精神高度和发展趋势。作为新思想和新文化的发源地，以及这些思想和文化的传播、交流中心，高职院校校园文化对社会文化的发展起到了积极的引领作用。高职院校通过文化建设，营造一种有利于教育的氛围，不仅有助于形成良好的校风和学风，还能帮助学生塑造健全的人格，激发他们的创造力和创新精神。在这种主旋律的引领下，学生们能够健康成长，成为有用之才。最终，他们将成为传播这种文化信息的使者，将这种文化的影响力扩大到更广阔的社会层面。

（二）文化育人与高职院校文化育人的定义

1. 文化育人的定义

"文化育人"这一概念在我国最早可追溯至《周易·贲卦·象传》中的一句话："刚柔交错，天文也；文明以止，人文也。观乎天文，以察时变；观乎人文，以化成天下。"这里所说的文化，是指用人文精神来教化天下，其目的是培养和塑造人才。所以，人类既是文化的创造者，也是文化的受塑者。

文化育人，就是通过文化对个体进行培育和塑造。学生在高职院校接受教育的过程，本质上就是接受文化熏陶的过程。德国哲学家爱德华·斯普朗格曾提出"教育是文化的过程"，他的理论不仅解释了受教育者如何将客观的文化价值内化为自身的主体精神，即"文化成人"，还强调了教育的意义在于"向文而化"。从词义的角度分析，"文化"一词涵盖了性情的陶冶和品德的教养两层含义，即"以文教化"。因此，我们今天认为文化的核心功能或基本功能在于教化，它是教育领域的重要组成部分。

与知识育人相比，文化育人更强调提高和培养学生的文化整合能力。这种能力通常通过内化逐步凝聚为个人的心理架构，最终形成特定的人格特质。如果只注重"知识育人"，可能会导致个人发展趋于单一，而"文化育人"能促进人的能力和素质的全面发展。知识育人主要侧重于传授学生更多的知识和技巧，而文化育人并不强调学生获得多少知识和技能，而是注重在育人过程中给予学生成长的体验，帮助其掌握学习方法，培养学生的人文精神。

文化育人与知识育人的过程是相辅相成的。提倡文化育人实际上是在学校的知识育人过程中，借助校园环境、学科专业、课外活动、学风、校风等文化载体，将教育内容融入学生的思想理念中，以达到"文而化之"的效果。这样，学生在学习知识的同时，也能够感受到文化的影响，从而更好地培养他们的综合素质和能力。

2. 高职院校文化育人的定义

在探讨高职院校文化育人的定义时，我们可以发现，这一概念因研究者的理论视角和认知框架的不同而呈现出多样化的解释。尽管如此，学术界普遍从高职院校校园文化的特性和文化育人的基本原理出发，对这一概念进行了深入剖析。通过对现有文献的梳理，三大核心维度为理解高职院校文化育人的本质提供了重要视角。

（1）文化育人是人才培养的重要路径。文化育人被视为培养全面发展人才的重要途径。在这一视角下，高职院校承载着肩负与创新文化的重任，旨在通过"文化育人"的理念，构建高等教育与文化之间的桥梁。这种教育模式体现了对高职院校教育使命的深入理解和全面认识，即通过校园文化的滋养，培育出符合社会进步需求的高素质人才。校园文化作为教育文化的独特形态，其根本目的在于育人，这也是教育文化的核心功能。无论是教学、管理、服务还是环境的营造，本质上都是文化育人的体现。因此，高职院校通过文化这一媒介，不仅帮助学生构建了科学的世界观、人生观和价值观，还促进了他们思想道德素质的自我提升和全面成长，为他们的成功成才奠定坚实基础。在众多研究视角中，聚焦于学生学习提升的视角尤为贴合大学文化育人的核心内涵。

（2）文化育人是高职教育育人的具体内容。文化育人被理解为教育内容的一个重要组成部分。高职院校文化是人类文明精髓的集中体现，其核心在于通过"文化"之功，以优秀的文化因子促进学生的全面发展，实现其个性的自由、和谐与健康成长。从实践层面讲，高职院校教育旨在利用优质校园文化资源，对大学生进行深层次的价值观教育，使之转化为推动个人发展的内在驱动力。同时，大学生在这一文化氛围的长期熏陶下，会逐渐展现出带有高职院校特质的精神风貌和行为规范。文化育人不仅是高职院校教育的核心任务，还是大学文化自觉与自信的具体体现。教育与文化之间存在着天然的内在联系，大学不仅是文化的汇聚地，更是文化创新的源泉；它不仅是文化进步的标志，更是文化发展历程中的一个重要里程碑。

（3）高职院校文化育人的双重角色。高职院校的文化育人不仅是传授知识的教育途径，还承载着教育的核心。这种育人方式不仅通过文化作为手段来培育和塑造人才，更是一个让人们深受文化熏陶的过程。我们可以形象地将其称为"文化化人"。

高职院校通过文化培育学生，大大提升了教育的魅力和影响力。这是因为文化具有直观、形象和生动的特点，其渗透力强且影响深远。当高职院校的教育融入文化元素时，更容易被学生接受和吸纳。同时，文化本身也蕴含着丰富的教育内容。一般而言，文化由符号、语言、价值观和道德规范等多个方面构成，对学生产生全方位的影响。这不仅包括科学知识和专业技能的传授，还包括思想观念和道德规范等方面的深层塑造。因此，高职院校通过文化培育学生，对学生思想道德和科学文化素质的全面提升有很大裨益。

高职院校的校园文化对学生和教师有着潜移默化的影响。这种影响往往是悄无声息的，但却具有鲜明的导向性和示范性。正因如此，高职院校应将文化育人与教书育人、管理育人、服务育人以及环境育人紧密结合，贯穿于教育活动的始终，以此坚定文化育人的核心理念。

综上所述，我们可以清晰地看到，"文"即文化，是育人的核心所在，而"化"即文化的熏陶和影响，是育人的基本手段。为了学生的自由和全面发展，高职院校应坚持运用优秀文化来教育学生。那些经过优秀校园文化熏陶的学生，必然会具备良好的素质，成为社会发展所急需的合格人才。

值得注意的是，高职院校的文化育人与西方高等院校的通识教育以及中国普通本科院校的文化素质教育存在显著区别。通识教育这一概念源自美国等西方发达国家，代表了一种跨学科、交叉学科的基础教育理念。通识教育是专业教育的基础，旨在为学生构建全面、系统的知识结构。相较之下，大学文化素质教育更注重从文化的视角出发，通过人文、艺术和科学等文化知识的传授、熏陶和实践体验，提升学生的人文与科学素养，提高他们的审美与文化品位，进而促进学生人格的和谐与全面发展。这种教育模式侧重于提升学生在人文和科学方面的整体文化素质与能力。

高职院校选择文化育人作为其教育模式的核心策略，而非仅依赖通识教育或单一的文化素质教育，原因与以下几个因素密切相关。

（1）价值教育的本质要求。价值教育的特性决定了它必须是一种全面且渗透式的教育过程，强调通过环境的影响和榜样的力量，潜移默化地塑造个体的价值观和人格。因此，文化育人不仅局限于课堂，而是将教育的精神渗透到校园生活的每一个角落，包括专业教育、校园活动、社会实践以及学校管理和服务中，以实现全员、全过程、全方位的育人目标。这种系统性、整体性的教育模式旨在培养学生的道德素养，引导他们追求真、善、美，抵制假、恶、丑。

（2）教育目标与学生特性相匹配。首先，高职院校与普通本科院校在人才培养目标上有所区分，前者专注于培养具有专业技能的技术型、实用型人才，后者则偏向于研究型或工程型人才的培养。鉴于此，高职院校在教育方式上必须与实用主义导向相契合，不能简单照搬美国或其他地区以经典阅读或通识课程为主的教育模式。文化育人的理念更注重通过实践和体验，将文化元素融入技能训练，以适应技术型人才成长的需要。

（3）响应社会与时代的呼唤。在当前中国高等教育体系中，高职教育占据重要位置，承担着为社会输送高素质技能型人才的重任。面对这一使命，高职院校应当深化文化自觉，回归教育初心，将文化育人确立为技能型人才培养的核心理念。这意味着文化不仅是技能教育的辅助，而且成为教育的灵魂，贯穿于学校价值体系的构建、专业技能的培训、校园文化的建设以及社会实践的全过程。其目标是培养出既具备精湛技艺，又拥有高尚道德品质和深厚文化底蕴的实用型人才。

（4）反思、突破通识教育的局限性。国内本科院校在实施文化素质教育的过程中，尽管取得了一定的成效，但普遍面临着学生参与度低、教育效果不显著的问题。这主要是因为以往的文化素质教育过于强调有意识的知识灌输，而忽视了无意识的文化熏陶与整体性文化环境的营造。文化育人则试图突破这一瓶颈，通过营造全方位、全天候的文化氛围，使学生在潜移默化中受到文化的熏陶，从而达到内化于心、外化于行的教育目的。

高职院校选择以文化育人的教育路径，是在深刻理解教育本质、准确把握学生特性和社会需求的基础上，对传统教育模式进行革新与超越。其目的是通过文化的力量，培育出符合时代需求、具备综合素质的新时代技能人才。

二、高职院校文化育人的特点

作为高等教育体系中的一种形式，高职教育不仅包含了高等教育的普遍属性，还具备其独有的特色。它专注于培养具有高技能和实际应用能力的人才，这种教育模式特别强调"就业导向"和"职业能力"的培养，以及"校企合作"和"工学结合"等教育理念。这些特点使其与普通的学术型高等教育有着明显的区别。正是这种独特的"类型性"，构成了高职院校文化核心建设的基础性要素，并塑造了高职文化的独特品质。

因此，高职院校在实施文化育人战略时，关键在于与高职教育的类型特征相契合，突出高职文化的特色，形成独具特色的高职文化育人风格。这意味着需要探索和建立一条适应技能型人才培养的文化育人路径。这条路径应体现高职教育的实用性和职业性，同时注重学生的全面发展，包括职业技能的提升、职业道德的塑造以及社会责任感和团队合作精神的培养与深化。

在这个过程中，高职院校需要充分利用其教育资源，包括课程设置、教学方法、实习实训条件、师资队伍和校园文化等，营造一个有利于技能型人才成长的教育环境。同时，通过与企业的紧密合作，高职院校可以为学生提供真实的工作环境，让学生在实践中学习和成长，从而更好地适应未来的职业生涯。具体来说，我们认为高职院校的文化育人具有如下几个鲜明的特点。

（一）创新性

创新性指的是高职院校在文化育人过程中，应重视培育学生的创新精神和创业能力，同时发挥院校本身的特色。这种创新性主要体现在两个方面：首先，高职院校应注重培养学生的创新精神和创新能力，训练学生运用基本技能、专业技能以及相关知识解决实际问题的综合能力。其次，学院应高度重视培养学生的创业精神和创业能力。高职教育的目标不仅是让学生具备一定的职业技能，还包括培养他们的创业精神和能力。在教学实践中，高职院校应重视创业教育，帮助学生突破传统就业观念的束缚，树立积极的创业意识，培养创业所需的品质，提升他们的创业综合能力，并鼓励他们开辟自主创业的道路，探索创业领域的无限可能。

（二）职业性

高职院校的文化育人具有鲜明的职业性特征，这主要体现为其与高职教育的职业导向紧密结合，以及高职文化独特风貌的展现。这一特性是由高职教育的职业性本质所决定的。高职教育的核心目标是培养能够在生产、建设、管理及服务一线独当一面的高素质、高技能人才。这种明确的职业指向性，使高职院校在文化育人方面，必须紧密贴合学生未来职业发展的需求。

因此，高职院校在文化育人过程中，应着重关注学生综合职业素质的提升，努力拓展其职业能力，为他们的全面发展和未来的职业生涯奠定坚实基础。同时，培育"职业人文精神"应成为文化育人的核心任务。这包括培养学生的诚信、责任感、创业精神、敬业精神等职业品质。此外，高职院校还要特别注重学生职业行为习惯和职业意识的养成，如规范操作、安全意识、良好的日常行为习惯、成本控制意识以及节约习惯等。这些职业行为习惯和职业意识的塑造，并非一日之功，而是需要学生在学习和日常生活中不断实践，并通过持续、严格的养成教育逐步达成。

（三）开放性

高职院校的文化育人体系并非一个封闭的系统，相反，它体现了高度的开放性。这种开放性不仅体现在办学理念上，更体现在具体的办学实践上。高职院校与政府、行业、企业等多方紧密合作，形成了一种联动的办学模式。在这种背景下,高职院校的文化育人不是局限于校园内部,而是积极向外拓展,实现与地域文化、行业文化、企业文化等的深度交融。这种交融不仅有助于整合各方资源,发挥各自优势,还能共同构建一个开放的文化育人平台。在这个平台上,产业文化能够进入教育领域,工业文化能够融入校园生活,企业文化则能走进课堂,从而为学生提供一个更加多元、开放的学习环境。同时,高职院校内部需要打破部门壁垒,加强各系部及学院间的合作与资源共享,形成校内协同育人的良好氛围。通过这种全面开放与协作的机制,高职院校的文化育人功能将焕发新的生机,提升实效性。

(四)地方性

地方性是高职院校在实施文化育人战略时的基本原则,要求院校必须立足于当地的特色和优势,充分体现该地区的文化特征。大多数高职院校由地方政府资助,以服务当地经济或特定行业发展为主要目的,其专业设置通常与当地的经济支柱产业紧密相连,且毕业生的就业地点主要集中在本地。因此,这些院校在文化育人方面应当深入挖掘并展现地方文化的独特性。专业设置需要与地方的经济发展趋势及产业结构调整保持同步,校园文化建设应与当地的风俗习惯、城市发展规划协调一致。文化活动应以当地社会环境为背景,而文化追求和社会主义核心价值观应深植于地方的经济与社会需求之中。唯有如此,高职院校培养出的人才才能够更好地契合并推动地方的社会经济发展。同时,高职院校也将自身打造成为地方文化传承与创新的重要基地,并形成独特的文化品牌。

(五)实践性

高职院校的文化育人除重视对学生的知识传授和思想教育外,更强调学生的实践和亲身体验。实践性是高职院校文化育人的一个重要特征，它要求学生在实践和体验中不断提升自身的思想道德品质与文化素养。

这一特性的具体含义包括两个方面：一方面，高职院校的文化育人必须与实践紧密结合。实践是提高学生综合职业素质和文化素养的关键途径。无论是知识传授、技能训练，还是思想品德教育和日常行为规范教育，都需要通过学生的亲身实践，才能真正将所学知识和能力内化为自身的素质。从这个意义上说，高职院校学生的文化素质培养和职业素养提升，更多的是一个在实践中不断训练和养成的过程。另一方面，对于高职院校学生来说，实践能力是他们综合素质的重要组成部分。这种实践教育不仅涉及社会实践能力的培养，还包括技术实践能力的提升。同时，它也包括培养学生热爱实践、勇于实践的品质，以及善于实践、掌握科学实践方法的能力。通过这种全方位的实践教育，高职院校能够更有效地实现其文化育人的目标。

（六）渗透性

渗透性是高职院校文化育人的一个显著特点。它指的是文化育人的过程并不是孤立的，而是与其他教育形式紧密相连，主要通过隐性、间接和潜移默化的方式来达到教育目的。这种渗透性既是文化的固有属性，也是高职院校在实施文化育人时必须遵循的原则。虽然高职院校设有专门的文化素质教育课程和讲座，但更重要的是将文化育人的理念深深融入专业课程教学、实践技能训练、实地实习、职业素养培育、校园文化建设、社会实践活动、日常思想政治教育以及学校的管理和服务等各个环节中。这样，文化育人就能与专业教育、思想政治教育以及学校管理服务等各个方面实现自然融合，从而形成一个全员参与、全过程覆盖、全方位推进的立体化文化育人格局。

第三节　高职院校文化育人的基本要求

高职院校在培养德才兼备人才的过程中，文化育人是不可或缺的一环。它既是落实立德树人根本任务的关键内容，也是高等教育人才培养模式的内在需求。因此，各高校亟须探索符合学生成长规律与教育规律的文化育人方法和平台，建立健全特色鲜明的文化育人质量提升体系，以深化教育内涵，提升教育品质。

一、切实执行《高校思想政治工作质量提升工程实施纲要》

高职院校要切实执行《高校思想政治工作质量提升工程实施纲要》（2017年），积极响应文件中关于深化文化育人的各项指示。这包括积极推广中华优秀传统文化的学习与实践，如举办"礼敬中华优秀传统文化"系列文化活动，将高雅艺术、非物质文化及民族民间优秀文化引入校园生活，增强师生的文化认同感与自豪感。同时，深入挖掘革命文化的教育价值，通过"传承红色基因，勇担复兴重任"等主题宣传教育活动，有效利用重大纪念日契机和重点文化基础设施开展革命文化教育。此外，还需加强社会主义先进文化教育，围绕社会主义核心价值观开展丰富多样的教育活动，促使其内化于心、外化于行。

高职院校应致力于校园文化的繁荣与发展，打造校园文化品牌，充分发挥校史、校风、校训、校歌等文化符号的教育功能，推动"一校一品"校园文化建设；应鼓励原创文艺作品的创作，如歌剧、舞蹈、音乐、影视等，以增强校园文化的吸引力与影响力；应广泛开展"我的中国梦"等主题教育活动，激发学生的爱国情怀与梦想追求。在硬件设施方面，优化校园的自然与人文环境，确保校园的山水园林、道路建筑等既满足实用需求，又兼具审美和教育功能，构建和谐美丽的校园生态环境。

此外，高职院校还需紧跟思想政治工作的发展趋势，立足于马克思主义关于人的全面发展理论、文化认同理论和思想政治教育学理论，深入贯彻习近平新时代中国特色社会主义思想和习近平总书记关于教育的重要指示精神。通过细致的调研，明确文化育人质量提升体系建设的现状与发展方向。在此基础上，深入分析高校文化育人体系的特点与作用，探讨在立德树人根本任务的指导下，如何有效构建并持续运行文化育人质量提升体系。这样，能够形成一套既能指导理论研究又能引领实践操作的长效机制，为全面提升思想政治工作质量、促进大学生全面发展奠定坚实基础。

二、制订文化育人质量提升体系建设实施方案

为了全面提升高校文化育人的质量，高职院校首先需要对国内外关于高校文化育人及其体系的研究进行全面梳理。通过问卷调查的方式，深入了解当前高校文化育人质量体系的建设情况，并分析其中存在的问题和不足之处。同时，通过对高职院校师生进行深度访谈，探索构建文化育人质量体系的路径，并思考如何建立长期有效的机制。

基于调研、访谈以及文献资料收集的信息，高职院校应对文化育人质量提升体系的构建方法、措施和机制进行比较研究。通过分析、实践和持续调查，从具体案例中提炼出共同的原则，总结出构建文化育人质量提升体系的核心要求。

接下来，高职院校需要明确文化育人的具体工作目标、思路、举措以及考

核评价标准。目标是建立一个既能够复制推广，又具有实际效果的育人体系，形成一个内容完善、运行高效、保障有力、成效显著的全面一体化文化育人工作体系。在此基础上，高职院校应致力于践行和弘扬社会主义核心价值观，重视通过文化来培养人、教育人。

此外，高职院校要深入开展中华优秀传统文化、革命文化和社会主义先进文化的教育，推动中国特色社会主义文化的繁荣发展；要优化学校的学风和校风，丰富校园文化生活，培育独特的大学精神，打造优美的校园环境，滋养师生的心灵，塑造师生的品德，通过这些努力引领社会风尚。

三、构建本校独特的文化育人质量提升框架

虽然各高职院校在文化育人方面的总体目标是一致的，但在具体落实时，各高职院校应根据所在地区、所属行业及学校自身的特点，有针对性地实施。例如，重庆大学系统地推进了"青年大学习"活动，并借助"先锋网络文化工作室"这一关键平台，成功打造了"咏经典""青马者说""奋斗者说"等一系列新媒体产品，效果显著。再如，海南师范大学通过举办社会主义核心价值观宣传月、开展"践行核心价值观、树立文明新风尚、争做文明海师人"等主题班会，深入解读社会主义核心价值观的精髓，使其成为师生内在的精神导向和行为准则。又如，湖南城建职业技术学院组织的"我为社会主义核心价值观代言"及"五微五阵地"等活动，进一步坚定了学生的"四个自信"。

为了构建持久有效的文化育人质量体系，高职院校需要建立一套长效机制，以确保文化育人工作的有序推进。首先，应成立专门的文化育人工作领导小组，负责统一领导和指导相关工作。其次，要确保宣传部门、学生工作部

门、团委以及各院系之间的紧密协作，共同推进文化育人的各项具体任务。同时，高职院校还需在年度财务预算中单独列出文化育人所需的经费，并设立专项资金以支持相关活动的开展。最后，通过建立考核评价机制，将文化育人工作纳入各部门、各院系的年度考核中，从而推动学校各部门能够将文化育人工作常态化、日常化。

麦尚文在《以"同向融合"推进文化育人创新》[1]中强调，高校在文化的传承、传播与创新中扮演着举足轻重的角色。通过深入教育中华优秀传统文化、革命文化以及社会主义先进文化，高校能够有效地培育和践行社会主义核心价值观，从而牢牢掌握高校意识形态工作的领导权和话语权。在新时代背景下，推进以文化人、以文育人的工作，需要从文化内容的供给侧改革入手，提升文化育人的吸引力，并构建多元化的活动平台，扩大文化育人的覆盖范围。同时，要将培育文化自觉融入"三全育人"的全过程，建立起全面的文化育人体制机制。这包括夯实文化基础，打造新的文化育人平台，传承文化基因，建立文化认同的资源库，以及传播文化影响，成为文化自信的播种机。在整个文化育人的过程中，我们要始终坚定文化自信，培育文化自觉，增强文化认同，从而提升师生的幸福感、归属感和认同感。这实际上从实践层面回答了"培养什么人、怎样培养人、为谁培养人"这一根本问题。

第四节　高职院校文化育人的理论依据

在探究高职院校文化育人机制及其效能实现的深层理论基础时，挖掘文化育人的理论渊源，为这一教育实践提供坚实的理论支撑尤为重要。文化育

---

[1] 麦尚文．以"同向融合"推进文化育人创新[N]．光明日报，2021-04-02．

作为一种跨越时间和地域的普遍教育实践，其深厚的理论根基可以从中国传统文化、马克思主义先进文化理论以及思想政治教育学科的丰富内涵中寻觅踪迹。

一、中国传统文化的"文以载道"教育哲学

根植于中国古代教育智慧的"文以载道"观念，源自《诗经》等古籍，如《小雅·鹿鸣》中所言"我有嘉宾，德音孔昭"，展示了以文辞传递道德教诲与智慧的优良传统。随时间的推移，这一理念与文学艺术相融合，成为传播道德伦理的有力工具。刘勰的《文心雕龙》、韩愈的"读书著文，歌颂尧舜之道"，以及李汉、柳宗元等人的论述，均强调了文学作品在承载并传播儒家道德教化方面的作用。周敦颐在《通书·文辞》中提出"文所以载道"，进一步阐释了文化作为道德观念载体的角色，以及其教化民众的根本目的。在中国古代，文化与道德的紧密结合，不仅丰富了文化的内涵，而且为文化育人的理念提供了坚实的历史根基。

二、思想政治教育学的熏陶与感染理念

思想政治教育学深入探讨了环境与特定情境对个体思想品德塑造和发展的深远影响，并指出这两者在很大程度上决定了思想政治教育教学的实际效果。基于此，教育者应巧妙地将思想政治教育的各种环境和情境相融合，特别是与富有感染力的情感环境相结合，从而促进学生思想观念的形成，并唤起他们内心的情感共鸣。在这样的教育过程中，学生在自由、民主的学习氛围中，潜移默化地接受思想的熏陶与情感的感染。

为了实现这一目标，教育者可以充分利用环境和情境的隐蔽性、无意识性

和非强制性特点，精心筛选并运用环境中的积极因素，将思想政治教育的目的融入其中。这种方式可以有效激发学生产生积极、健康的情感态度，进而形成良好的思想政治品德。同时，教育者也需要警惕并规避环境中的消极因素，积极主动地创造、设计和建设更具教育价值的环境与情境，从而有效地对学生进行熏陶、感染和教育渗透。

高职院校的文化育人工作，本质上是通过打造特定的文化环境和氛围，在无形中熏陶和感染学生，对他们的理想信念、世界观、人生观、价值观、道德品质以及综合素质等方面产生深远影响。通过这种教育方式，高职院校不仅能够提升学生的专业技能，更能够在思想道德层面为学生奠定坚实的基础，培养出既有过硬专业技能，又有高尚道德品质的优秀人才。

三、马克思主义的获得性遗传文化观

马克思主义作为科学的世界观和方法论，其文化观深刻揭示了文化的社会属性及其对人类心智发展的作用。马克思与恩格斯认为，文化根植于物质生产实践中，通过世代积累形成获得性遗传的因素，不断优化人类的认知能力和精神世界。在马克思主义视角下，文化扮演着记忆和存储社会经验的角色，通过复制、传播与交流，跨越时空限制，将历史、现实与未来的知识及智慧凝结成"传统"和"遗产"，为新一代及整个人类社会的实践活动提供滋养。文化这种固化、加工、传递信息的能力，使个体在参与社会实践的过程中，逐步吸收并融入这些"遗传密码"，从而影响个体的成长及社会的进步。因此，马克思主义文化观中对文化作为获得性遗传机制的阐释，为文化育人的有效性提供了科学的理论依据，说明了文化在促进人类智慧提升与推动社会发展中发挥着关键作用。

第五节 高职院校文化育人的主要内容

此处讨论的内容并非针对高职院校实施文化育人的具体任务或方法，而是探讨高职院校文化育人的深层含义和本质。高职院校文化育人的终极目标是在产业和社会需求的引导下，以人的全面发展为最终目的，强调职业能力的提升，同时增强思想道德、人文科学知识、审美能力和文化品位等多方面的综合素质。其宗旨在于培育多功能、创新型的高质量技术和劳动人才，从而全方位提高技能型人才的培养水平，塑造出既具有专业技术又具备文化底蕴的复合型人才。

因此，高职院校的文化育人内容不仅要体现我国高职院校在文化育人方面的普遍要求，还要与高职院校自身的培养目标相吻合。这意味着高职院校在设计文化育人方案时，应充分考虑行业特点、社会需求与学生个性发展，确保文化育人计划与学校的教育理念和目标高度一致，并能够切实提高学生的综合素质，使其成为具备专业技能和文化素养的复合型人才。具体来说，我们认为，高职院校文化育人的内容主要应该包括如下几个方面。

一、中外优秀文化教育

中国，一个拥有超过五千年历史的文明古国，其文化的顽强生命力不言而喻。每个民族的文化都深深扎根于各自的历史土壤之中。在我国璀璨的传统文化宝库中，蕴藏着大量体现社会主义核心价值体系要求的思想瑰宝和文化传统。这些宝贵的资源构成了我们进行文化教育的重要内容。随着经济全球化进程的加速和中国改革开放的不断深入，多元文化的交流与碰撞已成为时代发展的必然趋势。不同的文化中，普遍蕴含着与社会主义核心价值体系相契合的思想精髓，我们必须充分发掘并吸收这些精神财富，并以此不断丰富文化教育的内涵，提升文化育人的吸引力和感染力。因此，高职院校在进行文化教育时，应广泛吸纳各类优质文化资源，将主流价值观渗透到校园的精神文化、制度文化、环境文化、学术文化和行为文化之中，通过不断丰富文化教育的内容，使主流价值观教育更贴近人心，从而达到更佳的育人效果。

二、社会主义核心价值体系教育

党的二十大提出，要广泛践行社会主义核心价值观。社会主义核心价值观是凝聚人心、汇聚民力的强大力量。我们要弘扬以伟大建党精神为源头的中国共产党人精神谱系，充分利用红色资源，深入开展社会主义核心价值观宣传教育，深化爱国主义、集体主义、社会主义教育工作，着力培养担当民族复兴重任的时代新人。作为肩负育人重任的高职院校，社会主义核心价值体系是其文化建设的根基和灵魂，必须作为培育学生的主导思想。

社会主义核心价值体系的基本内容包括马克思主义指导思想、中国特色社会主义共同理想、以爱国主义为核心的民族精神和以改革创新为核心的时代精神、以"八荣八耻"为主要内容的社会主义荣辱观。这一体系融合了先进性与广泛性、继承性与时代性、规范性与导向性、民族性与包容性，因此具有深远的指导意义和广泛的适用性。它不仅是高职院校文化教育的核心内容，更是高职院校价值体系的灵魂所在。

社会主义核心价值体系本身蕴含着深厚的人文精神，单纯通过简单的传授和说教方式，既无法准确传达其丰富的内涵，也难以在大学生中引起深刻的共鸣。因此，高校在构建自身核心价值观时，应以社会主义核心价值体系为基石，充分体现出大学的基本理念、大学精神、文化传统、现实态度、行为准则和价值标准。唯有将核心价值体系的内容有机地融入高校的文化氛围和校园环境中，并渗透到学校教育、教学以及管理的各个环节，才能使大学生真正理解和把握社会主义核心价值观的精髓，进而将其内化为个人的思想和行为准则。

三、科学素养教育

良好的科学素养已经成为现代人不可或缺的基本素质，对于高职院校的毕业生而言，这同样是一项基本要求。因此，将科学素养教育纳入高职院校的文化教育体系至关重要。需要明确的是，这里的科学素养并非指专业的科学知识，而是强调科学的思维方式、思维习惯和科学精神。这种素养能够帮助学生更好地理解并适应这个日新月异的科技时代，为他们的未来发展奠定坚实的基础。

四、职业素养教育

职业教育素质涵盖了职业内在的规范和要求，它体现为职场行为中的综合素质，包括职业道德、职业技能、职业行为、职业风格以及职业意识等方面。在职场中，尽管个人的能力和专业知识极为重要，但成功的关键往往在于个人所具备的职业教育素质。因此，对于高职院校而言，强化学生的职业素质教育尤为重要，这不仅是高职教育人才培养的特色之一，还是文化育人策略的核心内容。高职院校的责任不仅在于提供职业技能训练、培养学生的技术实践能力，还在于对学生进行职业素质教育，培养他们良好的职业行为习惯；不仅要教授学生工作技能，更要引导他们学会如何做人。

通常，我们可以将职业教育素质分为两个层次：第一层次是所有专业的学生都必须具备的基本职业素质，包括敬业精神、吃苦耐劳的品质、持之以恒地追求、精益求精的工作态度、效率与效益并重、守时诚信、秉持公平正义、遵守法律法规、追求卓越、团队合作精神和服务意识等。第二层次是特定专业所要求的特殊职业素质，如服装设计专业的学生需要具备敏锐的时尚趋势预测能力；室内设计专业的学生应具有高雅的审美观和深厚的美学造诣；机电维修专业的学生则需掌握娴熟的故障诊断技能。职业素质的培养不是单纯的依靠专门的课程来完成，而是需要在专业教学、学生的常规教育和日常管理中穿插进行，通过严格的职业教育来逐步塑造学生的职业意识、职业道德和职业态度。

五、人文素质教育

人文素质教育旨在提升个体在人文知识、思想、方法与精神层面的素养，其核心目标在于增进人文素养。在高等职业院校这一特定环境中，人文教育肩负着传承人类璀璨文化遗产的使命。通过系统的知识教学、文化的熏陶以及学生的实际参与，这些宝贵的文化精髓被内化为学生的个人特质，包括人格的塑造、气质的培养和修养的提升。人文素质教育是高职院校素质教育体系的支柱之一，也是文化育人理念的重要组成部分。

高职院校的人文教育具有普遍性和特殊性的双重属性。普遍性体现在其与所有人文教育一样，致力于通过学习人文知识来培育人文精神和提升人文素养。特殊性则表现在其教育形式与目标定位上——它并非一般意义上的通识教育，而是紧密结合职业教育特点的"职业型"人文教育。这种教育模式侧重于促进学生职业素养的塑造，如诚信、责任感、创新创业意识及敬业精神的培养。

在课程设计方面，高职院校应充分考虑学生的知识背景与认知水平，避免设置过于庞杂、深奥的知识点，而应紧密结合专业要求与学生未来职业发展的实际情况，科学规划人文课程体系。实施人文教育时，单一的课堂教学远远不够，需要采取多元化策略，如将人文教育与专业知识学习相结合，通过专业实践与社会实践让学生在实际行动中学习，体会人文价值。同时，应重视校园文化的建设，以及教职工通过日常言行的榜样示范作用，使人文精神渗透到校园生活的每一个角落，营造全方位、多层次的人文教育环境。

六、创新、创业教育

培养学生的创新精神和创新能力，已经成为高职院校文化教育中的一项核心任务。随着科技的不断进步，产品的科技含量逐渐提升，生产工艺也日益复杂，这对应用型人才的素质提出了更高的要求。学生不仅需要掌握娴熟的操作技巧，还必须具备出色的分析判断能力、解决实际问题的综合能力以及规划、设计和开发的能力，尤其是创新能力。同时，为了振兴我国的科技事业，高职院校迫切需要大量具有动手能力的创新型人才。

除此之外，高职院校同样需要着重关注学生创业精神和创业能力的培养。这不仅是为了应对日益激烈的就业竞争，更是因为我国市场经济深入改革、劳动用人制度持续调整以及高等教育逐渐大众化的背景。在当前社会，高学历、高学位的用人观念仍然盛行，这使得高职院校的毕业生在就业市场上处于相对不利的位置。因此，高职院校在努力提升学生就业能力的同时，更需要重视创业教育，以实现高职院校人才培养的目标。高职院校旨在培养高素质的应用型专业人才，包括工程技术人才和管理人才。这类人才应能将科技成果和技术成果转化为实际生产力，这种转化过程本身就蕴含了创业和开拓的元素。因此，高职院校的培养目标要求学生具备一定的创业精神和创业能力。另外，即便学生选择成为求职者，面对激烈的市场竞争，雇主也越来越看重员工的首创精神、冒险精神和创业能力。因此，加强创业教育，培育学生的开拓精神和创业品质，提升他们的创业能力，无疑是高职院校文化教育的重要一环。

第二章
高职院校文化教育与校园文化构建的现状探讨

自改革开放以来，我国的高等教育机构逐渐由相对封闭的状态转变为开放。在短短的时间内，我国的高职院校迅速完成了西方大学百年间从单一功能发展到多功能的演变历程。在这一迅猛的进展中，我国高职院校在文化教育方面，尤其是在教育理念和实施路径上，取得了显著的成就。但这一发展过程中也面临着诸多挑战和问题。

第一节　高职院校文化育人的现状及存在的问题

一、高职院校文化育人的现状

（一）高职院校文化育人的多元化途径

改革开放以来，各种思想文化交织碰撞，大学作为社会的一个缩影，深刻反映了这种社会文化环境的变迁。在传统的学年制背景下，学生们步调一致地在课堂上接受教育，遵循教学管理的要求和集体主义的价值观。但相较于传统的课堂教学，课外教学在时间和空间上展现出更强的灵活性，其教育形式更加多样，内容也更加丰富。课外教学在培养青年大学生方面具有诸多优势，特别是在促进学生个性化发展和综合素质提升方面。

在新时代，高职院校的文化育人工作已经不再局限于传统的课堂教学。通过组织和开展各种丰富多彩的文化活动，如挑战杯、大学生科技文化艺术节、歌唱比赛、辩论演讲比赛、书画摄影展览以及各类文娱体育赛事等，高职院校为广大师生提供了一个展示自我、锻炼能力的舞台。这些活动不仅寓教于乐，还能在活动中达到育人的目的。值得注意的是，目前高职院校中各类课外活动的组织大多由学生社团负责，这也体现了高职院校社团文化在育人方面的重要作用。

高职院校在文化育人过程中应充分利用各种资源，不仅限于课本知识和校内资源。红色文化资源的开发和利用就是一个很好的例子。红色文化资源不仅丰富了高职院校文化的内容，还改进了高职院校的育人途径。这些资源历史悠久，与学生的成长息息相关，是教学中理论联系实际的重要素材。以河北省的西柏坡为例，这个全国知名的革命圣地承载着丰富的红色文化资源和宝贵的精神遗产。利用这些资源在高职院校开展红色文化教育，将红色文化融入大学德育工作的全过程，从课堂教学、实践活动、环境熏陶到网络平台建设等多方面创新红色文化育人的载体，将极大提升高职院校育人的实效性。这种多元化的育人路径不仅有助于培养学生的爱国情怀和革命精神，还能促进他们的全面发展和社会责任感的提升。

（二）教育主体对文化在高等教育中关键地位的认知

在我国深厚的传统文化中，"文化"一词原本就蕴含了"以文化人"的深远意义，它强调的是对人性情的熏陶和品德的培养。但在知识经济迅猛发展的时代背景下，我国的高等教育机构往往更侧重于知识的传授、创新和应用，而文化教育的核心地位在某种程度上被边缘化。英国著名哲学家怀特海曾深刻指出:"我们的目标是培养那些既深谙文化,又具备专业知识的人才。专业知识为他们提供了坚实的基石,而文化,如同哲学和艺术,引领他们探索更深邃、更广阔的领域。"① 因此,文化与知识是相辅相成的,缺一不可。文化失去了知识的支撑,就如同树木失去了根基;同样,知识脱离了文化的指引,也会像迷失方向的航船般徘徊。

文化教育不仅是对个体品德和素质的培养,更在深层次上承载着文化传承与发展的重任。在市场经济的推动下,高职院校在教育学生时更加注重他们的全面发展。这不仅包括科学知识和专业技能的传授,还包括思想观念和道德规范的培育,旨在全面提升学生的科学文化素质和思想道德修养;而文化正是实现这一目标的有效途径。通过潜移默化的熏陶和渗透,文化将人类文明的精华传递给学生。高职院校的文化教育旨在帮助学生在学习专业技能的同时,也学会如何成为一个品德高尚的人,并引导他们正确处理与他人、自然和社会的关系。

尽管早在20世纪40年代,梁思成先生就曾呼吁教育要走出"半个人的时代",即教育不应仅仅局限于知识的传授,更应注重人文精神的培养。但当时的大学教育在某种程度上确实存在人文精神的缺失。近年来,我国教育界内外都在大力倡导素质教育,虽然效果尚未完全显现,也未能完全突破"知识教育"的框架和模式束缚。但值得肯定的是,为了推动高等教育事业的发展,真正实现素质教育,让教育回归文化的本质,我国的高等院校正在逐步将知识教育与文化教育有机地融合在一起,努力恢复教育的和谐与平衡。

(三)教育过程中对学生主体意识的尊重与增强

在高职院校的文化建设中,人文、科学、创新和奋斗的精神是不可或缺

---

① 怀特海. 教育的目的 [M]. 严中慧,译. 上海:华东师范大学出版社,2019.

的。这种文化的核心是以人为本，它深刻体现了对学生个体的人文关怀。一所优秀的高职院校，其文化发展方向应当是"以人为本"的，即关注每一个具有平等权利的个体，而不是以物质、经济或少数人的利益为中心。在高职院校中，师生不仅是教育的接受者，更是教育的主体。所有的教学、科研、管理和服务活动均围绕校园里的师生群体而展开。

高职院校的校园文化应当以促进人的全面发展为目标，融入人文关怀和道德情感，将教育与人的自由、公正、尊严和幸福紧密结合，始终坚持以人为本的原则。在新的时代背景下，国家对高等教育的重视程度不断提升，高职院校也获得了更多的经费支持，办学规模逐渐扩大，校园环境得到美化，教学设备也不断升级。在加强硬件建设的同时，高职院校也深刻认识到校园"软实力"在育人过程中的重要作用。

高职院校的一切办学活动都是为了学生的成长和成才，因此在文化育人过程中必须始终坚持以人为本的原则。在校园文化建设的各个环节中，都要强调这一理念，充分尊重师生在教育中的主体地位，围绕培养和发展人才的核心任务来开展工作。北京大学的王义遒先生曾将学校文化环境概括为"文、雅、序、活"四个字，其中的"文"体现了对知识的追求和尊重。在北京大学，无论是教室、图书馆、实验室，还是校园的花草树木、古迹、历史文物、道路、宿舍等，都蕴含着丰富的知识内涵，让每一个进入校园的人都能感受到科学与人文气息的熏陶。

此外，学分制在我国高职院校的普遍实施也是"以人为本"理念的重要体现。随着我国经济体制和教育政策的调整，传统的学年制已经无法满足学生个性化发展的需求。学分制的实施则更有利于发挥学生的主体性，提高教学资源的利用效率，同时促进教师教学和管理服务的优化。在师生关系上，进一步明确学生是主体的理念，同时注意到过多的限制可能会消磨学生的积极性，不利于培养出杰出的人才。因此，高职院校在育人过程中更加注重尊重学生的主体意识，以激发他们的积极性和创造力。

二、高职院校在文化育人方面存在的问题

（一）高职院校文化育人的观念亟待更新

随着全球政治格局的多元化、经济的全球化、科技的现代化以及社会信息化的不断发展，整个世界，包括中国，正处于持续变革和进步的过程中。这种快速变化对人们的思想、生活方式和价值观产生了深远的影响，也为高职院校的教育工作带来了新的挑战。长期以来的"应试教育"模式深刻影响着社会，导致"重理轻文"的观念根深蒂固，人文社会科学在某种程度上被边缘化。

此外，在功利主义和市场经济的影响下，一些高职院校虽然意识到了专业和职业教育对于学生未来就业的重要性，但在实际的教育过程中，人文和科学基础教育往往被忽视。这种过于强调实用性的教育理念可能导致学生虽然掌握了一定的专业知识，但却缺乏必要的人文素养，从而出现"有知识而缺文化"的现象。

高职院校如果缺乏人文精神的教育，其在文化育人方面就难以承担起文化传承和创新的重要使命。没有对优秀传统文化的深入了解和熏陶，就谈不上文化的创新，因为继承传统文化的最终目的是创新，创造出新时代具有中国特色的社会主义先进文化。

在我国的高等教育中，学生普遍缺乏创新观念。这主要是因为在人才培养过程中，高职院校很少鼓励学生去探寻自己的兴趣和爱好，给予学生自我发现的机会也相对较少。进入大学后，学生在文化育人过程中往往习惯于被动地接

受知识，学校和老师指引什么方向，学生就追求什么路径，这种模式导致了缺乏原创性的创新意识和思维。

因此，高职院校急需转变文化育人的理念。因为理念是行动的先导，只有科学的教育理念才能培养出真正合格的人才。在文化育人过程中，高职院校应更加重视优秀传统文化对学生的影响，让学生在继承传统的基础上不断开拓思维，激发创新精神。这种转变不仅有助于提升学生的综合素养，还能更好地适应社会发展的需求，为国家的未来发展贡献力量。

（二）高职院校文化育人机制亟待完善

近年来，我国高职院校在运行机制改革方面取得了一定的进展。例如，已经建立了以教职员工合理流动为特色的机制，实现了"能上能下、能进能出"，并形成了以"效率优先、兼顾公平"为原则的教职工分配激励机制。校园文化作为社会文化的一个重要组成部分，具有其独特性，并在教育中扮演着举足轻重的角色。但从适应社会主义市场经济体制以及满足文化育人深层次需求的角度来看，当前高职院校的机制建设仍面临诸多亟待解决的问题。

管理的核心要求之一是实行以人为本的管理，这一原则应贯穿于所有类型的管理中。但目前一些高职院校的领导者将主要精力集中在业务工作上，导致文化建设推进力度相对较弱，队伍建设往往流于形式，甚至存在有岗无人或有人无岗的现象。高职院校的文化育人工作需要持之以恒，融入学校的日常教学、生活和学习，实现常态化。但有些学校在这方面的工作往往只是为了应付检查评估，检查期间热火朝天，检查结束后又恢复平静，缺乏持续性和深入性。

此外，高职院校在文化育人方面的物质投入也面临挑战。购买图书资料、仪器设备，维护体育馆、活动中心以及举办各类文体艺术节等活动，均需要大量的经费支持。但由于经费紧张，许多高职院校的物质文化建设难以跟上，无法满足师生们日益增长的文化需求。为了确保文化育人工作的顺利进行，高职院校需要拓宽资金来源，确保足够的经费支持。

没有健全的机制作为支撑，高职院校的文化育人工作将面临诸多挑战。因此，高职院校必须着手完善文化育人机制，从以人为本的管理、常态化推进、物质投入等多方面入手，确保文化育人工作的全面、深入和持续发展。

（三）高职院校在文化育人方面的内涵建设有待加强

高职院校的文化涵盖物质、制度、精神、活动和网络等多个层面，这些层面共同构成了高职院校文化育人的丰富内涵。其中，物质文化是基础，为文化育人提供必要的设施和环境；制度文化则扮演保障的角色，确保文化育人的有序进行；精神文化作为核心，引领高职院校文化育人的方向和深度。活动文化生动展现这些文化的特色，而网络文化在现代教育中也逐渐凸显其重要性。

但目前一些高职院校对校园文化的教育意义的认识仍然比较肤浅。他们可能将文化育人的工作简化为组织文体活动或单纯的思想教育管理。在具体实施文化育人工作时，许多高职院校倾向于实用教育，过于关注物质和制度层面的建设，却忽视了精神文明这一核心。这在校园建筑的设计上尤为明显，过于追求规模和外观，而忽略了文化内涵的融入，甚至让学生感受到浓厚的商业气息，而缺乏应有的文化韵味。

尽管一些高职院校强调精神文明的重要性，但在实际操作中仍存在误区。例如，将校园文化局限于浅层次的娱乐和消费活动。学生社团可能更多地举办娱乐性活动，如歌曲比赛、棋类比赛等，而较少涉及专业性和学术性较强的活动，如知识竞赛或读书报告会。这种偏向娱乐性的文化活动虽然丰富了学生的课余生活，但在文化育人的深度和广度上显然不足。

此外，一些高职院校将文化育人工作局限于学生管理和思想教育的层面，仅视其为一种管理手段和方法，而未能从学校整体发展的宏观视角全面、系统地推进。这种做法限制了文化育人工作的视野和格局，也影响了其效果的发挥。

因此，高职院校在文化育人方面的内涵建设亟待加强。这不仅需要其深化对校园文化教育意义的认识，还需要在实际工作中注重物质文化、制度文化、精神文化、活动文化和网络文化的全面发展，以及与学科设置的紧密结合。这样才能真正实现高职院校文化育人的目标，培养出既具备专业知识又富有文化素养的优秀人才。

（四）高职院校在文化品牌塑造上的认知不足

品牌，作为大学的标志性名片，充分展现了其综合实力和鲜明特色。每一种文化都有其独特内涵，高职院校文化亦不例外。地域、层次及学科差异，为高职院校赋予了独特的文化特色。这些特色文化如果得到妥善发展与推广，便能成为学校的文化品牌。

高职院校的文化品牌，不仅代表着校园的文化教育水准，更是一种宝贵的无形资产，有助于学校在激烈的市场竞争中脱颖而出，吸引更多的社会关注。当前，我国一些历史悠久的高等学府在文化育人方面已深谙此道，注重打造并凸显自身的文化特色。但也有一些新兴院校在文化建设上缺乏方向，盲目跟风，未能根据自身的优势和特色构建独具特色的文化发展模式，从而失去了独具魅力的校园文化品牌。

构建高职院校的文化品牌，需要以创新精神为驱动，学校领导层必须具备品牌意识，能够根据教育环境的变化及时调整教育内容。在充分认清自身优势的基础上,合理借鉴其他知名品牌的构建经验,为学校的文化品牌找到准确的定位。定位明确后,还需通过各种物质和精神载体,有效地将品牌理念传达至学生心中。

在新的时代背景下,高职院校文化品牌的培育面临着市场经济、文化多元化、校区分离等多重挑战。为了提升办学竞争力,一些学校在构建和谐校园文化的过程中,忽视了自身的实际情况、传统特色以及优秀文化的挖掘。他们仅仅通过模仿他人的经验来进行文化品牌建设,这往往导致了许多误区,如过分注重外在形式而忽视内在建设,追求数量而忽视质量等。

一个真正成熟的品牌需要长时间的积累和精雕细琢。但遗憾的是,一些高职院校在文化品牌的培育上过于急功近利,期望迅速打造出成熟的品牌,而对品牌本身的育人价值和实际效果考虑不足。这种只关注文化品牌数量而忽视其潜移默化的育人功能的行为,显然与打造校园文化品牌的初衷相悖。

(五)高职院校在文化育人方面的整体协同作用尚未得到充分发挥

高职院校的文化蕴含极为丰富的内容,涵盖学术、艺术、道德、实践等多个层面。要想有效推进文化育人工作,就必须确保各种文化元素能够有机融合、相互贯通,充分认识到不同形式的文化在育人过程中的协同作用,从而切实提升育人工作的实际效果。

高职院校的文化育人工作是一个复杂而宏大的系统工程,非单一部门之力可以独立完成。它需要各个部门之间形成紧密的合作关系,整合全校的文化资源,通过多元化的渠道共同推进育人工作。无论是学院行政机关、图书馆、展览室、教室,还是学生社团、宿舍等,都是高职院校基层文化组织的重要构成部分,也是开展文化育人工作的重要平台。但在实际操作中,一些高职院校往往忽视了这些平台之间的协同作用。他们未能将文化育人工作纳入学校的整体发展规划,导致文化育人与日常教学工作脱节,从而影响了文化育人的整体效果。

此外,一些学生社团组织的文化活动由于缺乏专业教师的理论指导,难以体现校园文化对学生成长成才的深远意义。这些活动的主题往往缺乏深度,过于注重娱乐性而忽视了学术性,从而限制了其受众范围。

同时,一些高职院校在文化育人过程中忽视了理论课程与其他文化载体之间的协同作用。他们错误地认为,只要做好学生的思想政治教育并开设相关的道德课程,就能完成文化育人的任务。这种观念忽视了各个部门之间的紧密配合,以及学校课程安排、专业设置、师资配备和课外活动等多方面的整体协同作用。

高职院校的育人目标是追求学生在德、智、体、美、劳等多方面的全面发展。这不仅需要学校内部各部门之间的紧密合作,还需要积极借鉴外部先进的育人理念,引入企业文化、地域文化等多元文化资源,共同推动文化育人工作的深入开展。因此,高职院校在弘扬校园精神文化的同时,应更加注重构建文化育人的整体协同机制,积极拓展多元途径,以全面提升文化育人工作的实际效果。

第二节　高职院校校园文化建设中存在的问题及原因分析

校园文化建设并非一日之功,而是一项需要长期投入和全面规划的系统性工程。考虑到我国高职教育的历史背景,其发展起步较晚且速度缓慢,这使我们面临着越来越多的挑战与困难。在这样的背景下,教育工作者被赋予了重要的任务,即肩负起校园文化建设的重任。这需要师生共同努力,携手应对各种挑战,以期打造一个完备且优质的高职院校文化环境。

一、高职校园文化建设中面临的问题

近年来,高职院校的校园文化建设已逐渐受到重视,并取得了显著进展。例如,校园精神得到了提升,文化活动更加丰富多彩,校企合作不断加深,日常管理日趋规范,基础设施持续改善,校园管理制度也日益健全。但受一些主观和客观因素的影响,高职校园文化建设仍然面临一些亟待解决的问题。

(一)系统规划的缺失

高职校园文化建设面临的挑战包括文化根基薄弱、起步较晚且发展速度缓慢等。在这种背景下,多数高职院校往往过于注重硬件设施的建设,而忽视了软件的建设。这导致学校在全局性的规划、设计和组织校园文化建设方面显得力不从心。更严重的是,精神、行为、制度和物质之间的内在联系经常被混淆,使得校园文化的科学规划难以落实。这种缺乏系统性的建设容易导致学习和工作拖延、校园精神涣散、工作程序混乱、制度建设不完善以及校园管理失序等问题。因此,要保持高职院校校园文化的良性发展,必须通过系统、统筹和科学的规范方法来实现。

(二)科学认知的缺失

对校园文化的准确理解是推动校园文化建设的基础。但在许多高职院校中,校园文化常被误解,导致校园文化建设缺乏科学性,阻碍了校园文化的有序发展。一些人将校园文化简单地等同于思想教育和学生管理,仅在这一范围内开展相关活动,从而缩小了校园文化建设的范畴,未能形成一种有效的引导激励机制,以促使学生积极参与校园文化建设。另一些人将课余文化活动简单等同于娱乐文化,错误地将其视作校园文化建设的全部,忽略了师生在人文、道德及内在精神等方面的培养,限制了校园文化建设的深远意义。还有一些人将精神文化与物质文化建设相提并论,从而否定了校园文化建设的独特性质。

为了解决上述问题,我们可以从以下两个方面加强校园文化建设:一方面,要营造积极向上的校园氛围,以正确的舆论为导向,激发师生的工作和学习热情,培养他们对生活、学习和工作的热爱,从而鼓励他们不断自我激励,持续奋斗。另一方面,要引导学生树立正确的政治方向,培养分析社会形势的能力,以进一步加强校园文化建设。同时,应从思想道德、素质和行为习惯等多个方面对学生进行培养,为校园文化建设提供更好的人才支撑。

(三)文化品位建设投入匮乏

高职院校在发展过程中,往往更倾向于将资源投入到具体业务而非文化建设上。相较于精神文化的培育,物质文化更受教师们的青睐。教师们忙于撰写论文以晋升职称,学生们则专注于考取各类资格证书,导致校园文化建设常被忽视。同时,由于资金短缺,校园文化环境的建设往往捉襟见肘,文化品位自然难以提升。甚至有些学校为了扩大办学规模,不得不承受巨大的资金压力。

在高职院校快速发展的阶段,校园文化建设所需的人力、财力和物力投入均显不足,这带来了一系列问题:首先,随着学生数量的激增,学校不得不将主要精力投入到新校区的建设上,从而忽略了校园文化的培育。其次,学生人数的增加导致师资力量紧张,教师的工作压力增大,进而影响了工作效率和教育质量。最后,学生整体素质的参差不齐也对教学质量和管理秩序带来了挑战。

这些问题共同作用，导致校园文化品质逐渐下滑。为了改善这一状况，我们可以采取一些具体措施。例如，营造一个师生共同参与的文化氛围，激发他们的兴趣和热情；根据学校的实际情况，合理调整招生规模，以确保校园文化建设的科学性、持续性和健康发展；争取政府的资金支持，为职业教育提供稳定的资金保障，从而避免因资金短缺而盲目扩招的问题。

（四）职业模式的不足

目前，许多高职院校在对自身教育文化的内涵、特点和规律了解不足的情况下，简单地模仿和复制其他高校或中专学校的文化模式。这种做法导致校园文化与高职教育的培养目标脱节，从而丧失了校园文化的职业特性。由此引发了一系列问题：首先，由于高职院校过于关注科学研究、招生就业、师资培养和基础设施建设等方面的工作，校园文化建设投入的精力不足，导致校园文化品质亟待提高。其次，高职校园文化与企业文化之间的认知模糊，使两者在衔接上出现问题，导致学生在职业理想、道德意识和技能方面缺乏实践性。最后，高职院校过于依赖模仿和复制，陷入传统中专或普通高校文化的窠臼，缺乏创新、特色不足、模式老化等问题也随之而来。

综上所述，高职院校的职业人才培养机制受到文化模式单一性的限制。为了更好地解决这一问题，我们必须加强高职院校的校园文化建设，探索出一条新型的校园文化建设模式。通过深化高职教育文化内涵，凸显其教育特点，从而增强高职院校文化的职业性，为高职教育文化建设的发展提供强有力的支撑。这意味着我们需要从各个方面入手，包括加强校企合作、引入企业文化元素、丰富校园文化活动、提升师生职业素养等，以打造具有高职特色的校园文化。

（五）教师教育功能弱化

教师在教学过程中扮演着先进文化传播者的角色，他们的人生经历、行为举止、道德品质、政治观念和价值取向都会对学生产生深远影响。但面对生活、科研和教学的多重压力，教师们往往更关注经济收入，而忽视了其在校园文化建设中的责任和使命。这种情况在一定程度上削弱了校园文化的建设力度，使教师未能充分发挥知识引导和人才培养的作用，从而影响了校园文化建设的进程。

因此，教师应该重新认识并重视自己在校园文化建设中的角色和责任。在做好管理、教学和科研工作的同时，积极参与校园文化建设。通过提高自身的教育、管理、服务能力和学生培养水平，为校园文化建设贡献自己的力量。这样不仅可以提升教师的专业素养和综合能力，还能为学生提供一个更加丰富多彩的校园文化环境。

二、高职校园文化建设中存在问题的根源分析

目前，我国高职校园文化建设所面临的诸多问题，其成因既包含客观因素，也包含主观因素；既受到社会环境的影响，也与各高职院校自身的状况紧密相关。综合来看，主要原因可以归结为以下四个方面。

（一）存在阻力

现阶段，我国高职校园文化建设正面临多方面的挑战和障碍。首先，从国际视角来看，某些国家正试图从思想层面侵蚀我国的当代大学生，削弱他们的学习热忱和动力。其次，伴随着网络文化的蓬勃发展，网络上充斥着大量不良内容，这些内容正在潜移默化地影响着广大青年学生。再次，由于就业市场

对高学历的偏好，高职院校学生承受着巨大的就业压力。最后，高职院校在资金来源、实训基地建设及招生就业等方面存在着激烈的竞争，这些因素共同作用，导致一些高职院校陷入不良的发展循环，使得高职教育在文化建设方面困难重重。

当前高职院校仍然需要面对一系列难题，如学校周边环境的复杂化、社会对人才认知的偏见、教育改革过程中涌现的新挑战、学校管理层的教育理念差异以及职业教育经费的短缺等。这些都是高职院校在发展过程中亟须解决的问题。

（二）活力缺失

尽管教育在社会发展中已经历了深刻的改革，但仍然面临着教育经费紧张的问题，同时社会对高职院校毕业生的认可度相对较低，企业更倾向于选择高学历人才。这种现象的产生，主观上源于院校管理层过于重视经济效益在教学价值中的中心地位，而学生可能因为高考成绩不理想而产生消极的学习态度。这些因素共同导致了高职院校发展相对缓慢。

随着社会的不断进步和教育改革的深入推进，高职教育改革势在必行。从客观角度来看，国家对高职教育的经费投入仍然不足，社会对高职院校和高职毕业生的关注度有待提高，企业在人才选拔上过于追求"高学历"的倾向也亟待改变。此外，在教学计划及大纲的更新方面，目前仅停留在文字层面的修订，缺乏实质性的改革措施；一些教材和课程的建设也显得力不从心；新技术和新方法等教学资源未能有效引入课堂；传统的教学模式仍然占据主导地位，阻碍了新型教学模式的推广和应用。

（三）认知不足

要探讨高职校园文化建设的问题，首先需要审视我们自身对于校园文化建设的理解。我们是否对高职校园文化建设所涉及的基本规律、原则、方法和措施等有足够清晰的认识？是否明确其必要性和重要性？是否深刻理解高职院校的特点、功能以及文化内涵？但遗憾的是，许多高职院校的领导者并未对校园文化建设给予足够的重视。他们对校园文化的内涵、发展特点及规律的认识模糊不清，没有将校园文化建设纳入学校的整体布局，导致实践工作缺乏系统性和实效性。

此外，校园文化建设的定位不够明确。一些教师错误地认为校园文化建设只是学生工作部门的职责，而其他行政管理者缺乏对校园文化建设系统性必要认知。他们往往只关注物质文化建设，忽视了精神文明建设，忽略了行为规范、规章制度、校园精神等校园文化的重要方面。同时，学生也未树立正确的文化建设观念，认为参与文化建设是浪费时间，导致参与度不高。这些问题引发了学生管理的混乱，责任推诿现象严重，没有形成良好的文化建设氛围，难以提高学校整体的教学质量和办学水平。

因此，我们需要加强对高职院校校园文化建设的认知和理解，明确其在学校整体发展中的重要地位和作用。同时，也需要加强对学生的引导和教育，激发他们的参与热情和认同感，共同营造良好的校园文化氛围。

（四）动力不足

要推动校园文化建设，必须充分调动全校师生员工的积极性和创造力，使他们在校园生活的各个方面都能体现对文化的追求和实践，从而有效推进高职院校的文化积淀。

在高职教育校园文化的构建过程中，不仅需要管理人员展现高尚的职业道德、严谨的工作作风和有条不紊的管理能力，还需要教学人员具备奉献精神、丰富的理论知识和熟练的操作技能，同时，服务人员也需要提供有力的后勤保障，这样才能真正实现管理育人、教书育人和服务育人的目标。但目前高职院校普遍面临内部驱动力不足的问题。例如，部分教师思想松懈，奖励机制、岗位职责考核机制及人才引进竞争机制等不够完善，相关制度建设也有待加强。这些问题严重阻碍了高职院校文化建设的进一步发展。

三、高职院校校园文化建设的基本原则

高职院校应有计划、有条理地推进校园文化建设。此建设应依据校内师生的特点，遵循教育规律，围绕教育目标，并适应社会的发展趋势。在实施校园文化建设时，应始终恪守以下基本原则：渐进性、协调性、导向性、渗透性、时代性、主体性、职业性及创新性。这些原则是开展校园文化建设的基石和指导方针。

（一）渐进性原则

高职院校的校园文化建设必须坚持渐进性原则。任何事物都有其自身的发展规律，我们在开展工作时应遵循这些规律，避免盲目和激进，高职院校的校园文化建设更是如此。在推进校园文化建设工作时，我们必须严格遵循校园文化的发展规律，结合高职教育的特点和规律，并考虑各高职院校的实际情况，进行统筹规划，循序渐进地推进。

校园文化建设工作涵盖多个方面，包括校园风气的建设、校园精神的培养、全校师生良好行为习惯的养成、学校各项规章制度的制定、校园基础设施的建设、各种措施方法的优化和制订、文化模式的完善和探索以及构建校园文化建设长效机制的相关工作。对于每一项工作，我们都应进行科学的规划，明确相关的责任人和责任部门，制订具体的措施以及各个阶段的目标，从而确保

校园文化建设能够持续、平稳地推进。

（二）协调性原则

在高职院校校园文化建设中，我们必须坚守协调性原则。这一原则强调在校园文化建设过程中，精神文化、制度文化、物质文化及行为文化需相辅相成，实现共同发展，确保全面进步。为了实现高职院校校园文化建设的协调性，我们应积极动员全校的教师、职工和学生广泛参与到校园文化建设中，使校园文化建设深入每个成员的生活、学习和工作的方方面面。

高职院校应进行统筹规划，全面布局，并加大物力、财力和人力的投入。同时，要充分调动学校与企业、学校与社会的合作关系，确保企业和社会在校园文化建设中发挥最大作用。学校内部各部门也应紧密配合，共同参与校园文化建设，充分发挥各自的职能。

（三）导向性原则

在高职院校的校园文化建设中，我们必须坚守导向性原则。高职院校承担着为社会主义事业培育新生力量和建设者的重要角色，因此其校园文化建设必须严格遵循党和国家的教育方针，坚定不移地走社会主义文化发展道路。为确保校园文化建设的有效性，我们必须全面落实党和国家的教育政策，与培养应用型高级技术人才的目标保持一致。同时，我们要帮助学生树立正确的世界观、人生观、价值观以及专业的职业理念，从而促进学生职业素养和品质意志的全面提升。高职院校应将校园文化建设与日常教育工作相结合，通过丰富多彩的校园文化活动，为学生创造一个既有利于学习又富有文化氛围的环境。这样，学生在学习专业知识和技能的同时，也能提升自身的文化素养。

（四）渗透性原则

在高职院校的校园文化建设中，我们必须坚持渗透性原则。高职院校在推进文化建设时，应与企业和社会建立紧密的联系及合作。这不仅包括为学生积极争取在职培训和企业实训基地的机会，还包括在技术开发与研究方面加强与企业和社会的合作，以此推动校企合作教育项目的发展。通过这样的方式，我们可以促进企业文化和社会文化深度融入校园文化，实现三者的有机融合与良性互动。实现企业文化向校园文化有效渗透的关键途径是"校企合作"，其可以实现校园文化与企业文化的深度结合。高职院校需要深入挖掘当前优秀企业文化和社会文化的精髓，并与企业和社会保持紧密的合作与交流。这不仅包括为学生提供在职培训和共建实训基地，还包括在技术开发等方面加强合作，以此推动校企联合办学，实现企业文化和社会文化科学、合理地渗透到校园文化中。此外，学校可以通过组织专业技能竞赛、创新大赛和科技活动等方式，提升学生的专业技能和职业素养，同时培养学生的创新意识和科技意识，进一步促进优秀企业文化在校园中的传播。坚持渗透性原则，将有助于推动校园文化在文化特征、行为模式、价值观念和精神理念等方面的全面发展，同时促进企业文化、社会文化和校园文化的共同进步。

（五）时代性原则

高职院校的校园文化建设必须坚持时代性原则。这意味着校园文化建设应与文化、经济、政治及教育改革等领域的最新趋势保持同步，紧跟时代发展的步伐，并凸显鲜明的时代特色。为了满足社会对人才的需求，我们需要在校园文化建设的方式、方法和内容上不断创新。高职院校应时刻关注学科发展的新趋势、新技能、新方法和新知识，同时积极吸纳新的思想和观念，以助力教育改革不断深入。我们还应积极优化学生的学习环境和教师的教学环境，确保校园文化建设能够与时俱进，契合时代的特点。这种具有时代特色的校园文化将有效促进学生的全面发展，培育他们成为"应用型"和"技能型"人才。

（六）主体性原则

高职院校的校园文化建设必须遵循主体性原则。全体教师、教职员工和学生都是校园文化的核心主体。在校园文化建设过程中，我们应充分尊重并发挥他们的主体作用，使每一位教师、教职员工和学生都能在校园文化建设中贡献自己的力量。

高职院校应积极策划并组织多样化的文化活动，鼓励全体师生参与。这些活动应结合学校的实际情况和专业特色，旨在丰富师生的文化生活，帮助他们发展个性、陶冶情操。通过这些活动，让校园文化中的每一个成员都养成良好的行为习惯、树立正确的道德观念，并塑造积极的人生态度。这将有助于提升全校师生的意志品质和思想观念。

富含主体性的校园文化能够充分调动全校师生和全体教职员工的积极性与创造力，助力他们实现自我展示、自我超越和自我提升。

（七）职业性原则

在高职院校的校园文化建设中，我们必须坚守职业性原则。鉴于高职院校的首要任务是提升学生的职业素质和专业技能，我们在推进校园文化建设时，应将职业素质教育与文化建设紧密结合。这样的结合有助于学生更全面地培养职业技能，使校园文化建设成为学生职业成长的有力支撑。

各高职院校在构建校园文化时，应确保文化内涵与专业特点相契合，彰显职业教育的特色。在此过程中，我们应注重管理与文化的融合、文化间的交流、实践基地的建设以及学习与工作的结合,将企业文化有机地融入校园文化之中。高职院校的校园文化建设应成为连接企业文化教育和职业教育的桥梁,为学生提供接近真实企业和职业化氛围的学习环境。富有职业特色的校园文化,有助于学生更好地适应企业环境、培养正确的职业道德,从而显著提升其职业素养。

(八)创新性原则

高职院校的校园文化建设必须坚持创新原则。随着时代的不断发展和社会的持续变化,如果高职院校的校园文化建设停滞不前,就无法适应和满足社会对人才的需求。因此,高职院校的校园文化建设应在管理方式、文化载体、文化形式和文化内涵等方面追求创新与发展。为了保持校园文化建设的活力,我们需要不断吸收新的企业理念和职业思想。高职院校应与企业和社会建立紧密的合作关系,积极学习和借鉴新的企业与社会文化,以确保校园文化建设与社会和企业的发展趋势同步。通过将校园文化与企业文化相结合,我们可以推动"校企合作"的形成,并利用这种合作模式促进校园文化建设的创新与发展。

第三章

高职院校文化育人的价值导向与现实意义

第一节 高职院校文化育人的价值导向

党的十九届五中全会审议通过的《中共中央关于制定国民经济和社会发展第十四个五年规划和二〇三五年远景目标的建议》(以下简称《建议》),强调了"建成文化强国、教育强国、人才强国、体育强国、健康中国,国民素质和社会文明程度达到新高度,国家文化软实力显著增强"的战略目标。高等教育机构作为文化发展的重要战场,肩负着文化传承创新和人才培养的双重责任。

一、必须坚定社会主义核心价值观的引领地位

大学生是社会主义事业未来的建设者和接班人,我们在设定人才培养目标时,常在"建设者"前附加"高素质",在"接班人"前冠以"可靠"来形容我们的期待。由此可见,高素质的"建设者"与可靠的"接班人"首先体现在正确的价值观上。高职院校应积极鼓励当代大学生通过比较分析、批判性思考,将马克思主义真理融入个人信仰,作为思想的武装。尤其要紧密结合中国特色社会主义的成功实践,启发学生深入学习理解中国特色社会主义理论体系,达到真学、真懂、真信、真用的境界,学会运用马克思主义视

角去观察世界。同时,应引导学生深刻理解中国共产党领导和中国特色社会主义制度的必然性与优越性,坚定走中国特色社会主义道路的信心和决心。通过社会实践和生活体验,增强学生的民族自豪感和自信心。通过学习与实践,增强大学生的道德感和社会责任感,自觉遵守法律义务,坚守道德底线,提升道德修养,以实际行动为国家、人民和社会贡献力量,实现个人价值的升华。

二、必须坚守引领成长、助力成才的育人初心

在探讨文化育人时,我们必须明确,其本质仍然是"育人",而文化只是实现这一目标的一种手段或途径。既然核心是"育人",那么我们就必须恪守育人的基本原则,始终坚持引领成长、服务成才的根本理念。这也意味着,我们需要从文化的视角出发,更加深入地探索当代大学生的成长轨迹及其内在规律。

要实现这一目标,我们首先需要对当前社会环境对大学生的影响进行准确评估。社会环境的变化无疑会对大学生的成长产生深远影响。因此,我们必须密切关注这些变化,并正确把握当代大学生的特点。在这个过程中,我们应帮助大学生学会用全面、辩证、发展的视角看待问题,使他们能够透过现象看本质,不被表面的繁华所迷惑,从而能够正确对待当前的形势、社会和自身。

当下的大学生群体较以往,展现出了更加开阔的视野与务实的态度。他们怀抱着积极向上的进取心,主体意识显著增强。但在蓬勃朝气的同时,他们也面临着前所未有的复杂挑战。既有历史延续下来的学业压力、职业规划与个人价值实现的固有难题,也有在全球化背景下,社会快速转型、改革深化、

市场经济的深化、多元思想的碰撞、网络信息爆炸等新情境带来的冲击。这些因素单独作用或相互交织，深刻地影响着大学生的价值观、行为方式和心理状态。

中国当前正处于一个历史性战略机遇与矛盾并存的特殊时期。一方面，国家的飞速发展为大学生的成长注入了无限动力，他们见证了科技的飞跃、经济的崛起，感受到了民族复兴的澎湃力量。另一方面，社会转型期的阵痛，如贫富差距拉大、某些领域的腐败现象、社会风气的浮躁、诚信体系的部分缺失及职场竞争的加剧，不可避免地对他们产生消极影响，引发焦虑、急躁乃至迷茫，有时还会产生对现状的逆反情绪。特别是在全球化浪潮中，外来文化的冲击与互联网信息的海量涌入，以其独特魅力与潜在风险，对大学生的思想观念和行为习惯产生了深刻影响。

鉴于此，如何有效利用文化的力量，发挥其教化人心、塑造人格的功能，成为教育工作者和社会共同面临的课题。我们需要将传统文化的精华与现代文明的成果相结合，以一种温和而有力的方式，融入大学生的日常生活，满足他们的精神需求。这意味着我们要积极迎接挑战，真诚地贴近学生，理解他们的困惑与焦虑，通过开展形式多样、内容丰富且针对性强的文化教育活动，帮助他们树立正确的世界观、人生观和价值观，引导他们在纷繁复杂的环境中找到自我定位，明确发展方向。

在此过程中，应当注重以下几点：首先，加强传统文化教育，让学生在历史智慧中寻找心灵的慰藉与指引，增强文化自信。其次，开展生命教育与心理健康教育，帮助学生建立积极的心理调适机制，以应对生活中的压力与挑战。再次，强化社会责任感与公民道德教育，培养他们成为有担当、有爱心的社会成员。最后，鼓励创新思维与批判性思考，提高他们在全球化背景下的竞争力与适应能力。

三、必须扬弃旧识，强化创新精神

创新，作为人类文明飞跃的鲜明标志与独特禀赋，是国家强盛与民族复兴的核心动力。在文化育人的实践中，激发和培育学生的创新意识与创新精神，是必须弘扬的价值导向，并需持之以恒。中华悠久的历史与灿烂的文化中，创新精神熠熠生辉。从燧人氏钻木取火的古老传说，到造纸术、印刷术、指南针、火药四大发明的辉煌贡献，再到"两弹一星"的历史性突破和"神舟"系列航天壮举，中华民族的创新之旅从未止步。古典文献中也不乏倡导创新的声音，《论语》中的"裨谌草创之"、《孟子》提到的"君子创业垂统"以及《汉书》中的"礼仪是创"，均蕴含着古圣先贤对创新的重视，彰显出中华民族共同体意识的深厚底蕴与持续传承。

大学生作为未来社会的中坚力量，其创新能力与创新意识对社会进步具有深远影响。因此，培育创新特质与创新意识，造就创新人才大军，是文化育人的重要使命。教育的进步在于从传统中求新，与文化建设同频共振。文化育人需基于"扬旧知、创新知"的思维逻辑，启迪学生的批判性思维，引导他们批判性地学习、有选择地继承，并逐步创新，使创新成为学习的自然延伸和习惯，而非将二者割裂开来。让创新在学习中自然而然地生发，成为推动社会进步的强大动力。

第二节 高职院校文化育人的现实意义

一、高职院校文化育人有利于构建大学文化

文化育人不仅是大学文化的精髓所在，更在高职院校的职能中占据着举足

轻重的地位。在高职院校的诸多功能中，文化传承、文化融合及文化创新构成了其核心追求；而文化育人，恰恰体现了高职院校价值体系的核心和灵魂。深入探讨高等教育，不难发现它是文化育人活动的关键，而文化育人本身，也是高等教育的核心组成部分。

（一）文化育人引领高等教育回归其育人初衷

高等教育肩负着为社会培养各类人才的重要职责，这一目标与文化育人的理念高度契合。在当今的高等教育体系中，我们不再仅仅关注学生的知识积累，而是更加注重通过深厚的大学文化对学生进行全面、系统的培养。虽然学生可以通过专业学习获得科学文化知识，但如何将这些知识应用于实践，如何与实践相结合，使其成为服务社会、服务人民的有力工具，这就需要文化育人的力量来引导和助力。

事实上，单纯的知识储备并不足以使个人在激烈的市场竞争中脱颖而出。真正让人才在各个领域获得认可的，往往是那些经过文化熏陶而内化于心的精神品质。文化育人在此发挥了至关重要的作用，它不仅驱散了功利性的短视思维，更让高等教育回归其本质——育人。在这一过程中，急功近利的教育观念被摒弃，学术研究中的浮躁现象得到有效遏制，使得高等教育真正回归到培养人的初心和使命上。

正因如此，我们更应明确高等教育中"文化育人"的核心地位，确保其发展始终围绕"育人"这一根本任务展开。

（二）文化育人要满足高等教育对人才培养的全面要求

高等教育的根本任务是为社会主义建设培养合格的接班人和建设者。在高职院校中，通过文化的力量来培养和塑造人才尤为重要。人既是文化的创造者,也是文化的产物。高等教育正是通过文化的传承、传播和创新,实现对受教育者的全面培养。

高等教育的过程,实质上是一个有目标、有计划的"化人"过程,即通过文化的力量,使受教育者在知识、能力、素质等多方面得到全面提升。文化育人的目标,就是通过一系列科学的方法和手段,将受教育者培养成为具备全面知识和能力的优秀人才。这不仅符合高等教育对人才培养的全面要求,更是对高等教育根本任务的深刻实践。

(三)文化育人是高等教育特色的塑造者与竞争力的强化剂

文化育人是高等教育体系中不可或缺的催化剂,它不仅塑造了大学独特的文化风貌,更是提升教育机构特色和竞争力的关键所在。高等教育机构的文化底蕴,作为文化育人的集中体现,是通过长期教育实践积累、提炼而形成的,既包含物质文明又蕴含精神特质,区别于其他类型文化,被广泛认同并代代相传。这种特色文化涵盖了教育理念、大学精神实质、行为规范、学风建设等核心要素,渗透在校园环境的方方面面,为高等教育机构铸就了独特的个性标识。

坚持文化育人的策略,对于高等教育的发展至关重要。它不仅强化了教育的内在品质,还促进了特色化的形成,是高等教育机构保持竞争力的理想路径。在竞争激烈的教育市场中,特色是高职院校的立足之本,是区别于其他院校、难以复制的优势所在。高等教育机构要想持续繁荣,就必须走特色发展之路,而文化育人正是这一战略的核心动力。它促使各校根据自身实际情况,发挥主观能动性,探索适合自身的发展路径,形成多样化的学术环境,增强院校间的差异化竞争力。

文化育人不仅提升了教育机构的核心竞争力,还在高等教育的深化改革中发挥了不可替代的作用。随着教育国际化和市场化进程的加快，高职院校越来越重视内在特质的挖掘，通过文化育人平台，形成并传播自己的特色文化，扩大影响力，形成在时间与空间上的文化传承和扩展，推动院校的可持续发展。高等教育机构的活力与竞争力在很大程度上取决于其科研水平和社会影响力，而文化育人的积极作用就在于此。它不仅能够增强社会对其的认可，还能提升校园内部的凝聚力，吸引更多优质资源，从而形成推动学校发展的良性循环。

在当今时代，特别是在改革开放不断深化的历史语境中，中西方的文化交流日益频繁，文化的融合现象愈发显著。在这样的背景下，能否坚守主流文化，引导年轻一代与时俱进，培养他们成为合格的社会主义建设者和未来的接班人，具有极其重要的现实意义。文化自身携带着丰富的信息，并在育人方面拥有巨大的潜在力量。在中国特色社会主义建设的新时代，文化育人承载着重要的时代意义，即以社会主义核心价值观为指导，推动人的全面发展，提升国民素质，并最终增强国家的综合实力。

文化育人之所以具有强大的影响力，是因为它具有与其他教育形式不同的独特特点：生动性、实用性、多样性、包容性和互动性等。这些特性都与文化育人的基本功能紧密相关，体现了其内在的逻辑联系。

尽管文化育人潜力巨大，但在具体实践中，我们也面临着一系列挑战和问题。文化育人的功能随着时代的变迁而变化，而在推进文化育人的过程中，我们发现其学科体系尚不完善，评价机制不够健全，内涵发展不够均衡。此外，文化育人肩负着与非主流文化相抗衡的重要任务，只有重视并加强文化育人工作，我们才能有效利用其潜力，争取社会思潮的主导权，确立正确的社会价值观，并坚定不移地走社会主义道路。

文化育人的现实意义深远。本书从社会教育、文明建设、文化素养、文化强国、高等教育五个维度来阐述文化育人的重要性。这五个维度都以"人"为核心，旨在实现"人的全面发展"，并充分认识到文化育人对于推动社会主义先进文化发展方向的重要性，这对于中国特色社会主义现代化建设极为有利。

在社会教育层面上，文化育人通过家庭、学校、媒体等多种途径传递社会主义核心价值观，塑造公民的基本道德规范和行为习惯。在文明建设方面，文化育人不仅推动了传统文化的传承和发展，还促进了现代文明的创新和繁荣。通过提高人们的文化素养，文化育人增强了个体的自我修养和审美能力，丰富了精神世界。作为文化强国战略的一部分，文化育人增强了国家的软实力和国际竞争力。最后，在高等教育层面，文化育人培育了一代又一代有理想、有能力、有责任的青年才俊，为国家的未来发展提供了源源不断的人才支持。

二、高职院校文化育人有利于提高个体文化素养

文化育人作为培养个体文化素养的核心平台，旨在通过教育，不仅提升个体对科学技术的认知与应用能力，而且加强其在人际关系、社会交往以及与自然和谐共处等广泛领域的认知和实践能力。文化素养是个体行为举止和思维表达的坚实基础，是衡量一个社会文明程度与和谐发展的关键标准。它融合了科学文化知识与个人品德修养，通过教育传播科学知识，以显性与隐性两种方式并行，既直接教授知识，又潜移默化地培养美德，引导个体形成高尚的道德情操，从而全面提升文化素养水平。

（一）文化育人构建文化素养培育的时空架构

文化素养的培育非一日之功，它是后天文化熏陶、教育渗透的长期结果。

在这一过程中文化育人扮演着至关重要的角色，它在时间与空间两个维度上为文化素养的形成提供了必要的条件和环境。

在时间维度上，文化素养的积淀是一个渐进的过程，需要通过连续性的教育经历逐步累积和内化。文化育人的实践通过在教育过程中不断渗透文化价值和理念，利用时间的累积效应，逐步实现从量变到质变的飞跃，使文化融入个人的行为自觉和深刻理念之中。这一过程需要耐心和恒心，体现了文化素养形成的阶段性和连续性。

在空间维度上，文化育人的作用尤为显著。鉴于文化具有地域性和多样性，不同的文化环境和教育场景（如学校、社会、家庭）为文化素养的形成提供了多样化的舞台。文化育人策略需因地制宜，利用每个空间独有的文化特性，创造适宜的教育环境，使个体在特定的文化场域中受到熏陶，从而促进其文化素养的全面发展。这些空间不仅是文化素养形成的物质基础，还是文化育人实践施展影响力的必要条件，它们共同构成了文化教育的立体网络，确保了文化素养培育的全面性与实效性。

（二）文化育人是提升文化素养的高效方法

文化育人的过程与常规的知识教育存在显著差异。它更注重文化的深层次转化：从客观的文化知识到个体的主观理解，再转化为个体的精神活动和外在行为。这一过程的本质在于引导人们将客观的文化知识内化为自身的一部分，形成独特的文化理解和表达。

文化素养是一个融合了多种元素、涵盖深层心理活动的复杂过程。在这个过程中，文化育人策略性地将文化价值、情感态度等非智力因素融入其中。这种方法既有机又灵活，共同为文化素养的形成提供了强大的内在驱动力。当人们开始追求更高的文化素质时，这种驱动力便发挥作用，助力个体塑造自身的文化素养，从而有效地达到文化素养培育的核心目标。因此，我们可以确信地说，文化育人是提升文化素养的高效方法。

要实现文化素养的培育，关键是通过精心设计的文化环节来推进。文化育人的终极目标，是助力"人的全面发展"。文化素养在这一发展目标中占据着举足轻重的地位。一方面，一个人的文化素养层次和水平，是衡量其综合素质的重要标准。只有具备扎实的文化素养基础，个体才能充分发挥其主观能动性，在德、智、体、美、劳等方面实现更高层次的发展。另一方面，文化素养并非天生具备，而是通过后天的教育和经验积累逐渐形成的。由于每个人的天赋和资质各不相同，他们对文化的理解和感受也会有所不同。在这一背景下，文化育人的作用尤为重要。它能够在后天的教育过程中，通过理性的引导和资源整合，帮助个体逐渐形成基础的或更高层次的文化素养，从而实现人的全面发展。因此，我们可以认为，文化素养是文化育人在推动"人的全面发展"过程中的一个关键环节。

三、高职院校文化育人有利于社会教育的深化

文化育人是社会教育体系中的关键路径。社会教育作为一个综合性的系统工程，利用文化的力量促进个体从自然状态向社会状态的转变，并贯穿于这一历史性过程中。社会教育的方式多种多样，包括家庭教育、学校教学、网络信息、环境影响等。文化育人则通过传递社会习俗、规范和普遍法则等文化元素，对社会成员产生影响，实现其社会化的目标。与其他教育形式相比，文化育人不仅内容丰富全面，而且具有强大的生命力和广泛的影响力。它将丰富多样的文化内涵作用于社会的各个层面、领域和环节，构建起一个庞大而复杂的

教育体系。

文化育人在整个社会教育体系中占据主导地位，它贯穿于社会教育的每个环节，并通过文化的渗透发挥其作用。文化育人为社会教育提供了有效的载体，而社会教育反过来又为文化育人输送了丰富的资源。在文化的影响下，社会教育促使独立的社会个体相互影响和互动，进而整合为一个有机整体，这进一步凸显了文化育人在社会教育中的重要角色。

社会教育在整个教育体系中扮演着至关重要的角色。它以文化的形式进行教育，触及的人群最广（覆盖所有社会成员），范围最宽（涉及社会各个行业和各个层次），且影响持久（从个体诞生到生命终结）。此外，从内容上看，社会教育包含巨大的信息量；社会的每个组成部分都形成了自己独特的文化，并通过这些独特文化对其成员进行塑造和引领。因此，从微观角度分析，我们可以得出结论：社会教育实际上是不同领域文化育人效果的综合体现，这也证实了文化育人作为社会教育核心路径的重要性。

四、高职院校文化育人有利于加强文明建设

文化育人在推动文明建设中有着举足轻重的作用。社会的进步与文明的发展紧密相连，而这一切都根植于人的整体素质提升。人的素质提升，不仅关乎个体的成长，更对整体社会文明的进步产生深远影响。

在广阔的社会生活中，各行各业都是社会文明的展示窗口。文化育人不仅向每一个社会成员传递高尚的精神文明，而且通过他们的日常工作与生活，将这些文化价值观持续传播出去，进而对社会的各个角落产生影响。特别是在中国特色社会主义建设的背景下，文化育人所传达的文明内涵与中国特色社会主

义精神文明紧密相连。

文化育人为社会主义精神文明提供了坚实的思想基础和持续的动力。同时，它也始终坚守社会主义精神文明建设的核心方向。一旦偏离这一方向，文化育人的基本任务和历史使命都将失去意义。文化育人中的精神文明内容是当代文明建设的核心组成部分，对公民的文化素养和道德水平产生直接影响。随着公民道德水平的普遍提升，社会文明正在迈向更高层次。

文化育人的核心理念是"以文化人"，它是一个以知识为核心的复杂系统，不仅追求知识的传播，更是引领社会新风尚的坚实后盾。文化育人的终极目标是推动社会成员的文化素质全面提升，进而助力社会文明的持续发展与进步。

现实社会不仅拥有丰富的智慧资源，还是先进文化传播的重要场所。广大的社会成员都是社会主义建设的积极参与者。他们在日常生活中深入参与社会精神文明的建设，同时，文明建设的成果也会通过他们的思想、行为等方式得到展现。简而言之，人类不仅是文明的创造者，更是文明成果的展示者。

在文化育人的实践过程中，我们将社会主义核心价值体系融入其中，从道德的角度为成员们传递文化的核心要义。这旨在提升他们的个人素质、道德水平和社会责任感。当这些成员在各自的岗位上工作时，他们会将这些价值观和道德准则内化于心，实践于行，从而展现文明的成果。通过这种方式，他们的影响力更为广泛，推动精神文明建设进入一个良性循环。因此，文化育人在加强文明建设中发挥着不可替代的作用，它必将成为推动文明进步的重要力量。

五、高职院校文化育人有利于实现文化强国

习近平总书记在党的二十大报告中明确提出的关于"推进文化自信自强，铸就社会主义文化新辉煌"的主张，强调坚持马克思主义在意识形态领域指导地位的根本制度，坚持为人民服务、为社会主义服务，坚持百花齐放、百家争鸣，坚持创造性转化、创新性发展，以社会主义核心价值观为引领，发展社会主义先进文化，弘扬革命文化，传承中华优秀传统文化，满足人民日益增长的精神文化需求，巩固全党全国各族人民团结奋斗的共同思想基础，不断提升国家文化软实力和中华文化影响力。其中，文化育人的作用尤为关键。文化育人的过程不仅促进了文化的广泛传播与深化，还为国家的整体实力注入了文化的力量，成为文化强国战略中的稳固支撑。

（一）文化育人是培养文化强国建设所需人才的重要保障

文化育人的核心使命在于培养和造就人才，这些人才是实现文化强国梦想的基石。没有人才的支持，文化强国建设就无从谈起。高素质、专业化的文化人才是推动文化发展的关键力量，他们不仅具备深厚的文化素养和创新能力，还能够引领和推动文化的持续发展与繁荣。

同时，文化育人还承担着为文化产业输送各类优秀人才的重要任务。在当前的全球化背景下，国家之间的竞争已经逐渐演变为科技和文化的竞争，而科技和文化的竞争归根结底是人才的竞争。因此，文化育人的目标已经不再局限于单纯的文化知识传授，更重要的是促进人的全面发展，培养有理想、有道德、有文化、有纪律的全面型人才。

在实现这一目标的过程中，文化育人强调科学精神与人文精神的并重。它

要求我们在培养人才时，重视智力的开发与情感智力的提升，即智商与情商的双重培育。只有这样，我们才能培养出既具有深厚文化素养，又具备科学精神的高素质人才。

这些人才能够深刻理解文化的内涵和价值，对文化进行深入的反思和批判，认识到科学技术的本质和意义，并最终为建设文化强国贡献自己的力量。他们是推动文化创新、引领文化潮流的重要力量，也是实现中华民族伟大复兴的关键所在。因此，我们必须高度重视文化育人在培养文化强国建设所需人才方面的重要作用，不断加强和完善文化育人的体系和机制，为文化强国的建设提供坚实的人才保障。

（二）文化育人是捍卫文化先进性的重要基石

文化的繁荣与进步，无疑是一个国家强盛的显著标志。一个国家的文化软实力，需要依托那些持续进取、积极向上的文化来巩固和增强，而非停滞不前或趋向消极的文化。这种文化应当站在时代的前沿，集中体现人类文化的精髓和最高成就。唯有如此，才能满足广大人民群众不断增长和变化的文化需求，才能确保文化始终为国家的发展和进步提供源源不断的动力。

文化育人的独特之处在于其内涵的辩证性、时代性和先进性。文化育人不仅是对传统文化的传承，更是对先进文化的追求和传播。它要求我们在教育的过程中，既要扎根于深厚的历史文化土壤，又要不断吸收和借鉴外来的优秀文化元素，以此保持文化的活力和创新性。

在当今社会，文化育人被赋予了更为崇高的使命。它不仅要与那些违背社会主义核心价值观的、堕落的、陈旧的文化划清界限，更要积极地引领和推动文化的正向发展。这就要求我们在开展文化育人活动时，具备一种批判性的眼光,能够主动地筛选和剔除那些落后的、腐朽的文化糟粕,同时积极汲取和融合那些先进的、有益的文化精华。

在这个过程中,我们不仅要注重对本民族传统文化的挖掘和传承,还要以一种开放和包容的态度,去接纳和吸收世界各地的优秀文化成果。通过这样的方式,我们可以创造出一种既符合我国实际国情,又具有鲜明时代特色的文化形态。这不仅能够推动文化的持续创新,还能够让先进文化充满生机和活力,从而为维护和提升文化的先进性提供有力的支撑。

(三)文化育人为文化强国构建浓厚的文化生态

文化强国的构建迫切需要一种广泛而深厚的文化认同与自觉氛围,文化育人正是营造这种氛围的关键力量。它通过教育的手段,将主流文化价值观深入到每一位社会成员的心中,使文化成为全民共享的精神财富。文化作为价值观的集中体现,是人类智慧与实践的结晶,其传承与弘扬对于文化强国至关重要。教育作为文化传承的重要途径,旨在通过文化育人的过程,将个体塑造成具备社会责任感与文化素养的公民,从而自然而然地营造了浓厚的文化氛围。在这一过程中,文化育人的活动不仅注重知识的传授,更重视价值观的引导,通过广泛传播社会主义核心价值观,促进全社会价值共识的形成,凝聚起强大的文化向心力和舆论环境,为构建文化强国奠定坚实的基础。

文化强国的愿景,不仅是文明的外在展现,更是全体国民文化素养的内在映射。文化育人活动在此扮演着多重角色:一是通过教育实践,为文化强国战略构建起广泛的文化认同氛围,为文化传承和创新提供肥沃土壤;二是培养具备高度文化自觉和社会责任感的人才,为国家文化软实力的提升提供人力、资本支持;三是捍卫文化的先进性,确保文化发展方向与时代同步,为文化强国的持续推进提供方向指引。通过将社会主义核心价值体系深深融入国民教育的每一个环节，文化育人不仅能够凝聚社会共识，塑造共同价值观，还能激发民众的精神力量，为文化强国的实现铺就一条坚实的道路。简而言之，文化育人是塑造文化认同、提升国家文化软实力、营造文化氛围的核心动力，是文化强国建设不可或缺的基石。

第四章

高职院校文化育人的功能与影响力

第一节 高职院校校园文化的育人功能

一、高职院校校园文化育人功能的主要表现

高职院校的校园文化在培养人才方面扮演着关键角色。尽管每个学校都有独特的教育理念和人才培养模式,但它们共同的目标都是通过校园文化来培养人才。校园文化就像一只看不见但强大的手,对学校的发展和运作产生着深远的影响。蔡元培曾强调,大学是培养人格、孕育人文精神和支撑理性与良知的地方。当一个高中生通过高考进入高职院校,并在校园文化的熏陶下度过数载时光,他们会发生哪些变化?高职院校又给予了他们什么?

高职院校的校园不仅是学习知识的地方,更是培养人才的重要场所,肩负着培养具有"四有"(有理想、有道德、有文化、有纪律)新人的使命。如果缺乏良好的教育环境,学生很容易迷失方向。高职院校校园通过其独特的文化氛围,对学生的成长和性格的塑造起到了极大的促进作用,尤其是在情感和道德的培养上,这是高职院校给予学生的宝贵财富。学生从最初的迷茫逐渐变得清晰,这一转变无疑是高职院校校园文化智慧的火焰点燃了他们的心灵。高职院校校园文化是一种强大的环境教育力量,对大学生的全面发展具有重大

影响。构建校园文化的目的在于创造一种特定的氛围和环境,以此来培养学生的情感,塑造他们健康的人格,并全面提升他们的素质,最终实现教育的目标。

(一)高职院校校园文化在塑造人的思想、态度和行为模式方面具有深远的影响力

在众多影响个体的因素中,文化是最根本和最持久的。人们总是生活在特定的文化背景之中,不可避免地受到周围文化环境的塑造和影响。随着时间的推移,人们会逐渐吸收并内化所在文化环境中的价值观念和思维模式。高职院校的校园文化体现了一所大学的核心精神和独特气质,它是高职院校与其他社会组织或机构最鲜明的区别所在。高职院校校园文化对大学生思想观念和价值取向的形成有着潜移默化的作用,它担负着重要的教育和培养人才的职责,即所谓的"化人"功能。因此,高职院校校园文化的核心价值在于其对人的塑造和培养能力。

1. 高职院校校园文化"化人"的关键因素

校风是高职院校校园文化对学生产生深远影响的关键要素。它具有强大的凝聚力、感染力和约束力,源于教学风格、学习氛围以及教职工的职业操守,彰显了高职院校的内在精神。校园风气的质量直接关系到对学生的教育效果,同时决定了高职院校的未来发展方向。

良好的学风为学生的发展奠定了坚实的基础。通过建立一系列规章制度和严格的管理体系,我们能够促进校园、班级、宿舍及课堂形成良好的学习氛围。这种氛围在无形中激励学生努力学习,相互鼓励,共同进步。例如,高职院校里出现的卓越班级和宿舍,实际上是良好学风、班风和宿舍风气的具体体现。在这样的环境中,学生自然而然地受到激励,难以抗拒努力学习的氛

围。这与《荀子·劝学》中的观点不谋而合，即环境对人的塑造起着潜移默化的作用。校风与学风在无形中熏陶着每一位学生，引领他们的行为，陶冶他们的情操，促进学生人格的完善，并有助于他们树立正确的人生观、价值观和世界观。

从更深层次的角度来看，"化人"的过程是一个彰显内化、融合、升华和超越的复杂过程。这个过程旨在将正确的道德观念和处世哲学深植于学生的心灵之中。高职院校教育应着重关注人格的培养、精神世界的丰富和人文学科的重视。校风建设对于学生的成长和大学的整体发展都具有不可替代的重要性。身处高职院校校园的学生会在耳濡目染中接受并认同这种氛围，使其成为自己个性的一部分，最终实现精神的升华和文化育人的目标，从而确保对人才的全面培养。

2. 高职院校校园文化"化人"的课堂影响

高职院校校园文化对学生的熏陶和影响主要通过课堂这一渠道实现。作为高职院校中知识的传播者和精神的引领者，高职院校教师在其中扮演着举足轻重的角色。他们不仅具备深厚的学术背景，还拥有高尚的文化素养，是推动高职院校进步的关键因素。除了专职教师，那些致力于学生服务的管理人员也是这一文化育人体系中的重要组成部分。在教书育人的实践中，他们携手共建了独特的大学教师文化。

课堂讲授是教育学生的主要途径。每位教师和每门课程都承载着教育的使命，具备教育的功能。教师需要敏锐地发掘课程中蕴含的思想文化教育元素，并进行有针对性的教育和引导。通过课堂教学，教师不仅要拓宽学生的文化视野，还要引导他们树立远大的理想和坚定的信念，从而构建起全面的课堂文化教育体系。

在众多课程中，思想政治理论课是课堂文化影响学生的核心环节。

如何使这门课程更具吸引力，并最大限度地发挥其教育作用，是每位理论课教师需要深入思考的问题。教师应该深入挖掘教材内涵，用自己的理解和感悟去打动与说服学生。同时，教师还应密切关注社会生活中的重大事件，利用这些教育机会对事件进行评述，对学生进行正确的引导。在讨论和引导的过程中解释理论，使学生从内心深处接受这些理论，从而提高理论的说服力和感染力，确保思想政治理论课真正发挥其"化人"的实效。

3. 高职院校校园文化"化人"的理想途径

参与实践是高职院校校园文化实现"化人"目标的理想途径。为了让大学生将内化的先进思想转化为积极行动，从而达到真正的"化人"效果，社会实践起到了至关重要的作用。鼓励学生亲身参与各类实践活动，不仅丰富了他们的学习体验，更是实现文化育人的有效手段。

在高职院校校园内，学生可以参与多种文化活动，如艺术节、文化周、运动会等各类赛事和晚会。这些活动不仅为学生提供了展示自我、挖掘潜能的舞台，还是他们进行自我教育和成长的重要途径。通过参与这些活动，学生可以提升文化素养，完善自身人格，并有助于形成正确的价值观，从而促进全面健康成长。

此外，走出校园参与社会实践活动也是大学生不可或缺的学习经历。这不仅可以让学生更深入地了解社会、接触现实，还能通过直接参与生产劳动来锻炼他们的实际操作能力和团队协作精神。例如，寒暑假的社会实践和"三下乡"等活动为学生提供了宝贵的锻炼机会，让他们在实践中不断成长。同时，志愿者服务活动也已成为文化育人的重要环节，它既是对大学生进行思想政治教育的新方式，也是实现文化"化人"目标的有效途径。

（二）高职院校校园文化具有显著影响

高职院校校园文化在潜移默化中对学生产生深远影响。人的思想和品质的养成，并非仅仅通过知识的直接传授就能实现，而需要在特定的环境中通过日积月累的滋养与熏陶。只有在这样的环境中，培养出的品质才具有持久性和稳定性，才能在面对外界环境的各种变化和挑战时坚守初心。

与高职院校的规模和硬件设施这些"硬实力"相比，高职院校的校园文化实际上体现的是学校的"软实力"。它如同一面镜子，能够反映出一所高职院校的精神风貌，是高职院校多年来办学理念和人才培养模式的深厚积淀。每一所高职院校都有其独特的校园文化，这体现了它们各自的办学理念和大学精神，而这些又会进一步影响高职院校的发展水平和教育层次，最终塑造并影响着全校师生的精神风貌。

1. 增强大学生的审美能力

（1）高职院校校园的物质环境本身蕴含着深厚的文化美感。校园环境的规划与美化不仅涵盖了美学、建筑学、社会学和心理学等多学科的智慧，更在实用性与审美性之间达到了完美的平衡。不同的建筑风格承载着不同的文化精神，为人们带来了丰富多彩的审美体验。高职院校校园环境具备独特的审美特质，它们依据各自的地域文化和自然环境，将先进的技术美与富有想象力的艺术美相融合，展现了高职院校校园的科学之美和创新之美。这种美不仅流露在校园的每一个角落，更滋养着大学的精神内涵。

（2）在无形中渗透审美教育。优美的校园环境如同一位默默无闻的教育者，潜移默化地对大学生产生深远影响。校园环境是大学给人的初步印象，也是高职院校的文化名片，它体现了一所高职院校的独特精神，并构筑了丰富的校园审美空间。审美教育，作为一种情感和艺术教育，虽然是学校教育的重要组成部分,但往往难以通过传统课堂教学淋漓尽致地展现。但美丽的校园环境却能在无声无息中发挥作用,使大学生能够直观地感受、体验和自我陶冶,为学生的审美提供了必要的物质条件,也为他们审美意识的提升搭建了平台。因此,大学生在校园生活的每一天,都是他们接受审美教育、不断提升审美能力的过程。

(3)激发学生的审美情趣。大学校园的美,不仅包括环境的自然美,还包括富有文化内涵的艺术美,如音乐、雕塑、绘画和文学等各类艺术形式。优美的校园环境、清新的空气以及和谐的人际关系,都能激发学生的审美热情,帮助他们树立正确的审美观念和理想,进而提升他们的审美和创造美的能力。高职院校举办的各种审美讲座和实践活动,都有助于提高学生的鉴赏能力。学生参与校园文化活动的过程,就是对美的体验和追求的过程,这能使他们在学习和生活中自觉追求美、创造美。

高职院校校园的景观、标志性建筑和雕塑等都蕴含着独特的美学特征,能让学生在无形中受到教育和启迪,感受到这些物质载体所蕴含的文化能量。校园的物质环境是高职院校校园文化的直观展现,对于启迪人生、陶冶情操和促进道德升华具有十分重要的作用。正如杜威所强调的,教育必须利用环境的作用,因为离开环境就没有真正的教育。高职院校校园文化通过美丽的物质环境和精神环境,使学生在无形中受到美育的熏陶,同时发挥着以美辅德的作用,这充分体现了校园中"一草一木皆教育"的道理。

2. 塑造大学生的心灵世界

(1)校园文化对于塑造大学生的思想和品行起着至关重要的作用。高职院校通过精心设计的教育环境以及富有意义的教育活动,使学生在无形中受到深刻的影响。幽雅宁静的校园环境为大学生的学习和个人成长提供了有力的支撑,这种环境虽然无声却充满力量,其对大学生的影响力是不容忽视的。校园环境就像是一个默默耕耘的"教育者",学生在其中自然而然地受到感染和熏陶。实践表明,最成功的教育往往是那些让学生在无意识中接受教育的方式,这种潜移默化的教育方式常常能产生深远的影响。因此,高职院校的校园文化通过其雅致的环境和积极进取的精神来教育学生,逐渐影响并塑造学生的思想和品德,进而培养他们的高尚情操。

(2)校园环境能够激发学生的归属感。作为大学生学习和生活的主要场所,校园环境也是培育学生全面素质的关键要素。在充满生机与底蕴的校园环境中,每一个角落都蕴含着深厚的文化内涵,对学生起到启迪和教育的作用。清新宜人的校园环境和别具一格的建筑风格,能够激发学生对高职院校的归属感和自豪感,赋予他们强大的精神动力,激励他们努力学习并实现自我价值。此外,健康而高雅的校园文化还能有效抵御低俗文化和消极思想对学生的侵蚀,有助于学生形成正确的世界观、人生观和价值观。

(3)高职院校的校园人文环境在塑造学生的精神世界方面发挥着重要作用。这种环境对学生精神品质的塑造是潜移默化的,也是他们形成道德观念和行为规范的关键场所。优秀的高职院校教师会对学生的道德品质产生积极的影响。由于学生普遍具有"向师性",因此教师的人格魅力、学术成就、道德品质及言行举止都成为重要的隐性教育资源,对学生产生深远的影响。此外,积极向上的班级氛围和丰富多彩的教育活动也有助于培养学生的集体意识与团队精神。良好的校园文化环境和精神氛围被学生吸收并转化为积极向上的自觉行为,使他们能够正确地认识自我、公正地评价他人和社会。这种健康的校园文化是一种潜在的教育力量,深刻影响着学生的思想感情、道德水准以及内心世界的塑造,对学生世界观、人生观和价值观的形成起着至关重要的作用。

二、关于高职院校校园文化育人功能的新视角

在知识经济的时代背景下,高职院校的重要性日益凸显。随着高职院校教育从"精英教育"逐步转型为普及化教育,高职院校的规模不断扩张,其对社会的影响力也在持续提升。"文化软实力"对于高职院校的长远发展和未来走向具有举足轻重的作用。现代高职院校的首要任务是培育人才,而"文化育人"是这一任务的核心。因此,如何有效地培育人才,如何实现"文化育人"的目标,以及如何构建和加强校园文化建设,已成为当前高职院校必须深入思考的问题。

(一)关于高职院校校园文化育人功能的新视角思考

在国家的全力支持下,高职教育已经迈入了快速发展的新阶段。在这个过程中,现代高职院校的发展必然需要校园文化的深厚底蕴作为基石。没有卓越的师资,便难以孕育出顶尖的高职院校。同样,没有深厚的文化底蕴和文化传承,高职院校也难以跻身一流之列。因此,构建独特而先进的校园文化是提升高职院校核心竞争力的关键所在。当前,加强校园文化建设已经成为各高校共同面临的重要任务。那么,如何有效地建设校园文化,无疑是摆在每所高职院校面前的一个重要课题。

1. 提炼并塑造高职院校的精神内核

高职院校精神是高职院校校园文化的核心和灵魂,它基于高职院校深厚的文化底蕴而形成,展现出独特的精神风貌。这种精神不仅代表了一所高职院校的办学理念和价值导向,更是其历史和文化的结晶。高职院校精神的形成与高职院校所处的时代背景、国家发展的历史阶段、地理环境以及师生间的心理传承紧密相连。它代表了一所高职院校在长期发展中逐渐形成的共同价值观和心

理期望,是推动学校在各种挑战下持续发展的内在动力,也是激励全校师生奋发向前的精神源泉。高职院校精神体现了学校的目标、信念、品质和特色。为了提炼和塑造高职院校精神,我们需要从规范高职院校章程、明确教育理念、强调培养目标以及重视校训校歌这四个方面入手。

(1) 规范高职院校章程。高职院校章程是高职院校成立的基石,也是其获得法律认可的重要文件。它根据国家法律制定,在高职院校内部规章制度体系中占据至高无上的地位,并为制定其他各项规章制度提供指导。高职院校章程直接反映了高职院校的独特精神。各高职院校应根据教育部发布的《高等学校章程制定暂行办法》(2011年),融入学校的特有精神和品质,来制订自己的章程,并随着学校的发展不断对其进行规范和更新,以确保大学在制度和管理上都有明确的指导原则。

(2) 明确教育理念。教育理念是大学的精髓,它代表了一所高职院校与其他学校的核心差异,并集中体现了学校的校风。这种理念是在长期的办学过程中,经过深思熟虑和实践检验后形成的,涉及办学宗旨、目标、思路和特色。高职院校必须拥有清晰的教育理念,始终将教学和学生的需求放在首位,明确其首要任务是培养人才,而教师的首要职责是教学。一所现代高职院校的核心是拥有先进、明确、科学的教育理念。这种理念不仅为高职院校的发展指明了方向,还强调了"以人为本、注重学术、服务社会、改革创新"的原则。高职院校在坚守其精神传统的同时,应不断进行"继承、改革、创新",明确并贯彻自己的教育理念,以此增强内部凝聚力,并对外塑造独特的品牌形象。

(3) 明确并强调培养目标。高职院校的培养目标本质上是其教育理念和价值观念在学生身上的具体体现。在我国,高职院校的主要目标是培育出优秀的建设者和接班人。但不同的高职院校,根据其类型、层次、历史背景和办学特色，应该设定各自独特的人才培养目标。

对于每一所高职院校，其人才培养目标的设定都需要紧跟时代步伐，反映高职院校的价值取向，并从校园文化、学风、学科以及地域特色等方面凸显其独特性。随着社会的进步，大学日趋多元化和开放化，这就要求高职院校培育的人才能够适应社会的多样化需求，同时能够通过自身努力达成多重生活目标。当学生毕业时，他们不仅应具备扎实的专业知识，更应拥有独立思考和判断的能力。为了顺应时代发展需要，高职院校应根据不同层次的学生和学科特点来定位人才培养模式，明确其战略选择和培养目标，从而彰显学校的特色。

（4）加强显性特征构建。校风、校训、校歌和校徽是高职院校精神的直观展现，它们浓缩了学校的历史与文化传统，并成为学校形象的象征。校风承载了高职院校的精神内核，具有强大的凝聚力、感染力和约束力。校训则深刻反映了高职院校的传统与特色，其中蕴含着高职院校的精神，构成了高职院校的独特灵魂。校歌通过艺术手段传达了高职院校的办学理念和人文精神，它不仅能凝聚人心，还能激励师生进行创新，其内容常常体现学校的办学理念和特色教育，使全校师生在吟唱中受到熏陶和洗礼。校徽也是高职院校精神的一种表现，其设计融合了全校师生的智慧，其含义通常能展示高职院校的培养目标和特色。因此，加强这些显性特征的构建有助于凸显学校的办学特色，并提升学校的形象。

2. 培养并推广大学生的社会主义核心价值观

在党的十八大报告中，提出了对社会主义核心价值观的新总结，并强调积极培养和弘扬这一价值观。高职院校作为人才培育的摇篮，肩负着培养和弘扬社会主义核心价值观的重要使命。因此，高职院校应将社会主义核心价值观融入整个教育过程，引领大学生成为社会主义核心价值观的积极倡导者、传承者和实践者。通过加强对大学生的思想政治教育，我们不仅可以提升高等教育的育人科学性，还能有效促进大学生的全面成长。这一举措在理论和实践层面都具有深远的意义。

（1）强化爱国主义教育，为大学生社会主义核心价值观的培育和弘扬注入精神力量。爱国主义是激发中华儿女团结奋进的强大力量。对大学生来说，爱国主义教育不应仅停留在理论层面，更应深入到日常生活和实际行动中。这要求大学生必须具备强烈的责任感和使命感，勇于承担国家和民族的重任。只有树立正确的责任意识，大学生才能产生强大的内在驱动力，进而真正实现自身价值。

责任意识是大学生核心价值观教育的重要组成部分，它蕴含着特定的政治意义。培养学生投身于祖国建设是大学教育的重要目标，同时可以作为社会主义核心价值观来恪守。高职院校通过培育大学生的爱国情怀和勇于担当的责任感，使他们成为合格的社会主义建设者。当代大学生应该珍惜大学时光，树立远大理想，刻苦学习科学文化知识，立志成为有用之才，以便更好地为人民服务，为祖国的繁荣作出贡献。

（2）注重理想信念教育，为大学生社会主义核心价值观的培养提供信仰支撑。大学生是祖国未来的建设者和接班人，承载着国家和民族的希望。在培养大学生社会主义核心价值观的过程中，我们必须把坚定社会主义理想信念放在首要位置。为此，高职院校要充分发挥思想政治理论课的关键作用，凸显社会主义核心价值观的教育引领功能，使大学生深入学习马克思主义理论。同时，结合中国近现代史，帮助学生深入理解中国化的马克思主义，从而进一步坚定对马克思主义的信仰。

通过教育引导，我们要让学生深刻认识到：只有坚定不移地信仰马克思主义，毫不动摇地走社会主义道路，并始终坚持以经济建设为中心，不断解放和发展生产力，我们才能实现社会主义制度的理想目标。我们要帮助学生透彻理解这些道理，从思想深处巩固他们走社会主义道路的坚定信念。将社会主义共同理想教育融入大学生的核心价值观教育，激发他们的学习动力，引导他们将远大理想与个人成长相结合，坚定信仰，脚踏实地，以成才之志报效祖国。

（3）从传统文化中汲取养分，为培养和弘扬大学生社会主义核心价值观提供文化基石。中华民族的优良传统是中华民族时代精神成长的根基和源泉。在塑造大学生社会主义核心价值观的过程中，我们需要重视并继承这些优良传统的精髓。优秀传统文化不仅是我们的民族之魂，更是我们精神世界的支柱。例如，中华民族所推崇的"富贵不能淫，贫贱不能移，威武不能屈"的坚贞气节，以及作为中华民族优良传统核心的爱国主义精神，都是推动中华民族不断进步的力量。

大学生社会主义核心价值观的构建需要从优秀传统文化中汲取养分和力量。我国的优秀传统文化是中华民族的精神瑰宝，是构建中华民族共同精神家园的重要基石，也是大学生社会主义核心价值观建设的重要基础。在进行核心价值观教育时，我们应该深入挖掘优秀传统文化的思想价值，致力于保护和传承民族文化的基本元素。如此，优秀的传统文化将成为新时代激励人们奋进的精神动力，也将成为大学生社会主义核心价值观建设的重要支撑。

（4）重视实践与创新，为培养和弘扬大学生社会主义核心价值观开辟有效道路。人的思想最终需要实践来体现，唯有实践才能将人的思想转化为实际行动。各大高职院校应重视实践环节，通过有效的实践活动来培养和弘扬大学生的社会主义核心价值观。实践活动能够帮助大学生深入理解社会主义核心价值观的意义，在认同的基础上接受并内化为个人的行动指南。自发的实践意味着将内省后获得的价值观念用来指导自己的日常学习、生活和行为。因此，理论与实践的结合是大学生树立社会主义核心价值观的关键途径，对于提升他们的社会责任感和历史使命感具有不可替代的重要作用。

创新是推动一个民族进步和发展的核心力量。作为未来的建设者和接班人，当代大学生创新能力的培养对我国建设创新型国家具有至关重要的作用。特别是在当前社会思想和科学技术快速发展的时代背景下，创新精神要求我们站在时代的前沿，为未来做好规划和奋斗。创新的灵感大多来源于现实生活，而现实生活也是创新最佳的素材。积极有效的社会实践能够增强大学生的竞争意识和创新能力。高职院校在培养和弘扬大学生社会主义核心价值观的过程中，必须深刻把握时代特点和大学生的特性，激发学生的创新热情，鼓励学生的创新精神，并不断拓宽其实践的渠道。

3．构建与挖掘大学物质文化

优雅宜人的校园环境是高职院校校园文化最直接、最生动的体现，它在无形中影响着学生的审美情趣和道德修养。优美的环境本身就是一种独特的教育资源，环境育人也是教育过程中的重要一环。特别是每年新生刚入学时，他们对学校的"第一印象"通常来源于校园的物质文化环境，如校园的整体布局、教学楼的设计风格、楼宇的命名、教学设施以及环境卫生等。

（1）关注"第一印象"的重要性。每年新生入学时，他们对学校的第一印象往往源自校园的物质文化环境。这种环境直观地展现了师生所处的文化氛围，并直接反映了学校的办学实力，同时深刻影响着学生对学校的认同感。

（2）注重文化传播的工具。校园物质文化不仅应关注自然地理环境、教学与生活设施、校园规划布局、建筑风格、雕塑艺术和绿化景观等元素，还应关注校园文化的传播媒介和特色产品。这些媒介和产品是高职院校校园文化的重要表现形式，它们凝聚了全体师生的传统价值观和共同的精神追求。高职院校应根据自身的特点,合理设立并有效管理校园公告栏、海报栏、学报、校报、校史馆等传统媒介。在新媒体时代背景下,我们还应重视网络文化阵地的建设。高职院校应结合自身的特色,创建主题鲜明的校园文化网站,既要富有知识性和思想性,以吸引学生的关注,又要实现服务性和趣味性的统一。我们应充分利用新媒体平台(如校园网、校园论坛、校园微博、微信等)来加强校园文化的建设。

(3)设计和推广特色文化产品。每所高职院校都有其独特的校园文化,这种文化可以通过一些精心设计的物质载体来展现,即根据学校的特色设计并制作的,能够反映学校和学院个性的形象产品。这些产品包括但不限于录取通知书、校徽、校牌、校旗、明信片、贺卡、信笺、信封、笔记本以及画册等,它们深刻地体现了学校的文化内涵。以大学录取通知书为例,它不仅是一份简单的入学通知,更是展示学校办学特色和文化积淀的重要窗口。精心设计的录取通知书能让学生在收到它的瞬间对学校产生浓厚的兴趣。

4. 扶持和指导学生参与校园文化活动

(1)对学生校园文化活动的支持。这里提及的"支持"指的是学校在政策、资金和时间等多个方面为学生提供帮助,以确保校园文化活动的顺利进行。多样化的校园文化活动对于学生的全面发展至关重要,它不仅有助于学生完善个性、充实课余生活,还能拓展其综合素质,对学生的成长和成才具有深远影响。通过参与这些活动,学生可以深刻领会到团队合作的力量、公平竞争的精神、持之以恒的毅力和自我反思的价值,从而推动他们从"自然人"向"社会人"转变。高职院校校园文化的核心功能是培育人才,其最终目标在于明确"培养什么样的人"以及"如何培养人"。因此,在策划和组织高职院校校园文化活动时,应始终以最大限度地实现育人功能为出发点和归宿。只有在学校的全力支持下,校园文化活动才能得以顺利进行,进而促进不同学校和院系间学生的交流与学习,助力学生的身心健康;陶冶情操,并塑造良好的个性,为学生的全面发展服务。

同时,我们应大力支持学生社团的建设和创新。学生社团在高职院校校园文化建设中占据着举足轻重的地位,社团活动更是校园文化的精髓。我们应加强对学生社团的管理和引导,鼓励那些自发、自愿和自主组织的学生社团活动,并为学生提供一个广阔的自我展示平台。根据学生的兴趣和学校的特点,我们可以将社团划分为学术科技、理论学习、兴趣爱好和社会公益等不同类型的组织。通过不断探索学生的需求和兴趣,适时地举办集思想性、教育性、娱乐性和趣味性于一体的活动,以激发学生参与的热情。既促进学生的全面发展,又兼顾其个性化需求,从而实现社团建设与文化育人的和谐统一。

(2)对学生校园文化活动的引领。每所高职院校的校园文化都应有其独特韵味,因此在组织校园文化活动时,我们需妥善平衡通俗文化与高雅文化的关系,引导学子们积极投身于高水平的文化活动。在形式上,我们应推动校园与社会的思想文化交流,让师生们能够通过多元化的媒介和平台广泛吸收外部信息,进而充实和丰富校园文化。只有内容丰富多彩、形式生动活泼且紧贴现实生活的校园文化活动,才能吸引大学生的目光,激发他们的参与热情,从而使校园文化得以持续传承与发展。

我们要充分发挥大学生中优秀典型的示范和引领作用。这些先进典型往往是践行社会主义核心价值体系的佼佼者,他们身处校园之中,与同学们朝夕相处,是校园文化和大学精神的重要体现。我们应当充分利用这些典型的激励和示范作用,通过他们的榜样力量,影响和带动更多的同学奋发向前。同时,我们应当培养师生学习典型的自觉行为,将社会主义核心价值体系贯穿于校园文化建设的始终。例如,团中央发起的"中国大学生自强之星"评选活动就推出了许多优秀的大学生典型,他们的事迹激励和感染了众多学子。

此外,我们还要发挥知名校友的示范和引导作用。知名校友是大学校园的珍贵资源,他们在各个领域都取得了显著成就,具有较大的影响力。我们可以将这些校友的事迹作为宣传校园文化的素材加以利用,如将他们的肖像和事迹制作成展板,悬挂在教学楼墙壁上,"让墙壁传递故事"。同时,我们还可以利用校庆等时机邀请他们回校举办讲座或报告会,以此激发学生追求成才的热情。

第二节 高职院校校园行为文化的育人功能

一、高职院校校园行为文化的建设进展及其挑战

(一)大学生校园行为文化的现状分析

1. 大学生群体的内在问题

大学生正处于青春期,性格上存在一定的叛逆性,心理成熟度不够,对是非对错的判断能力有待提高。他们好奇心旺盛,但容易受到外部不良信息的诱导,情绪起伏不定,自我调控尚显不足。他们热情奔放、活力四射,对未知事物充满探索欲望并勇于尝试,但由于对自己的期望过高,一旦遭遇失败,往往难以接受。社会或校园中的负面事件很容易使他们的思想走向极端。此外,大学生初次离开父母独立生活,自我约束力较弱,可能因不良信息的诱惑而产生心理问题。这些大学生自身的问题,对校园行为文化的健康发展构成了

挑战。

2. 教师引导作用的不足

教师在校园行为文化中扮演着引导者的角色，对学生的精神成长具有重要的指导作用。但当前高职院校的辅导员、班主任及专业课教师在这方面的作用并未充分发挥。许多学生反映，辅导员和班主任在班级文化建设中的指导作用有限，他们在指导学生开展社团活动、解决学生生活问题等方面提供的帮助不足，在学生心目中的影响力较低。由于缺乏教师的正确引导，学生在开展校园行为文化活动时往往只能停留在自娱自乐的层面，难以将校园行为文化提升到更高的层次，导致校园行为文化的发展单一且品质不高。同时，教师的积极性不高也影响了校园行为文化的传承和发展。师生之间的沟通不足，使教师在教学过程中难以通过自身的人格魅力潜移默化地影响学生，帮助他们树立正确的人生观和价值观。

3. 学校内部管理机制的不足与改进方向

一个优秀的管理体系是确保校园行为文化得以有序、系统发展的关键。当前我国高职院校在相关管理制度、教职工绩效评估以及学生管理规范等方面仍有待加强和完善。一套出色的规章制度能够有效激发教职工的工作热情，提高学生的学习积极性，从而使教职工全心全意为教育事业贡献力量，同时增强学生的求知欲和学习兴趣。

建立一个完善的监督考核机制，不仅能保障教职工的合法权益，还能有效防止管理层出现官僚主义、贪污腐败等不良现象。同时，通过实施更为人性化的奖励制度，激励教职工不断提升自身能力，进而确保学校整体教育质量的提高。

对于学生而言，我们需要制定更为严格的管理制度，涵盖学习、生活等各个方面。通过将课堂纪律与学业成绩相关联，从外在到内在，引导学生形成自我约束的良好习惯，进而提高学习效率和学习成绩，同时消除不良习惯。

在加强校园行为文化建设的过程中，我们不能忽视任何一个管理机制的作用。每个机制都有其独特的存在意义，每个制度都是确保工作顺利完成的重要组成部分。为了建立与教学、科研和生活发展相适应的完善机制，我们必须及时总结经验和教训，借鉴国外的优秀案例，并结合本国的特色和国情，顺应时代发展的潮流，坚持以人为本的原则和中国特色社会主义道路，从而构建一个能够推动校园行为文化持续发展的工作机制。

4. 社会外部环境对高职院校的冲击

随着社会的进步，高职院校与社会的交融日益加强。但这也使得社会的一些负面风气逐渐渗透到校园之中。学校周边的娱乐场所，如网吧、KTV（营业性娱乐场所）、舞厅、游戏厅和台球室等，都在无形中诱导学生形成错误的娱乐观念。一些别有用心的人利用学生天真和易受外界影响的特点，试图将他们引入歧途，这些都对校园行为文化的塑造造成了不小的冲击。

此外，随着互联网和移动通信的广泛普及，大量外部信息迅速传播到学生群体中。对于那些初次离家、刚进入高职院校这个小型社会的学生来说，他们往往还不具备足够的判断力去辨别信息的真伪和优劣。因此，他们很容易受到网络上或社会中不良信息的诱导。这些因素对高职院校原本纯净的校园文化构成了严重威胁。

（二）高职院校校园行为文化建设的问题探讨

随着经济的发展和社会的进步，高职院校在校园行为文化建设方面取得了显著成就，但同时面临着一些挑战。

1. 高职院校校园行为文化的发展现状

（1）持续优化的校园行为文化环境。随着科教兴国战略的深入实施，我国对教育的重视程度日益提高,校园行为文化逐渐受到广泛关注,其建设也日趋规范化,相关环境得到不断优化。越来越多的高职院校开始认识到环境对于文化建设以及学生行为习惯的重要影响。为此,它们积极投入资源改善校园环境,努力营造更具人文气息、更优美且能够陶冶学生情操的校园氛围。这种努力旨在通过日常生活和学习环境的潜移默化,引导学生树立正确的价值观、人生观和世界观。

随着高职院校对校园行为文化的日益重视,学校在学生生活方面的投入也在持续增加。例如,学生宿舍现在配备了电视、网络和电脑等设施。师生食堂则通过高薪聘请专业厨师和服务人员,提供美味可口的饭菜和温馨如家的就餐环境。同时,学校还投入大量资金建设师生活动室和体育设施,以满足师生多样化的体育活动需求。在校园环境建设上,高职院校注重利用校园内的每一处细节,如绿化、建筑、艺术装饰等,营造浓厚的人文氛围,以期在无形中提升学生的思想道德情操。通过这些举措,我国高职院校正积极推动校园行为文化的持续升级和优化。

（2）校园行为文化的多样化传播渠道。随着时代的发展,我国高职院校的校园行为文化传播方式变得多样化。过去,课堂是校园行为文化的唯一传播渠道,但现在,随着文化的繁荣发展,其传播方式日益多元。课堂仍然是核心场所,承载着知识传承、文化传播和道德教化的重要任务。在这个平台上,教师通过深入浅出的讲解,帮助学生塑造正确的人生观和价值观。

除课堂之外,社团也成为校园文化活动的一个重要载体。随着高等教育的不断发展,为了丰富学生的课余生活和拓展文化活动,各类社团如雨后春笋般涌现,如音乐社、文学社、篮球社等。这些社团不仅填补了课堂的空白,还培养了学生的兴趣爱好,增强了他们的团队协作能力,并激发了他们的竞争意识，成为校园文化活动中不可或缺的一部分。

同时，校园内的信息传播也构成了一道独特的风景线。在抗战时期，校园广播、黑板报等信息传播方式曾激励过无数年轻的心灵。如今，虽然时代变迁，但校园广播和校报依然是大学生活不可或缺的一部分。清晨的广播为校园注入活力，傍晚的播报则伴随着学生们回寝室的步伐。此外，随着互联网技术的普及，新的信息传播方式也应运而生，如手机报、微信公众号、微博等，为校园信息的传播开辟了新途径。这些新媒体的加入，使得信息传播更加生动、形象，但同时带来了新的挑战，如何确保信息的健康与安全成为学校领导需要面对的新问题。

（3）丰富多彩的校园行为文化活动。随着校园行为文化传播渠道的多样化，相关活动也日益丰富多彩。在学术领域，科技文化活动、知识竞赛、科技讲座以及科技兴趣社团如火如荼地开展。在文体方面，各类文体活动、运动会以及经验交流会等进行得热闹非凡。同时，思想教育活动也不容忽视，如思想讲座、烈士陵园扫墓活动以及庆祝中华人民共和国成立的晚会等。通过这些形式多样的比赛和活动，师生们不仅丰富了自身的知识储备，还增强了团队协作精神，培养了竞争意识，激发了爱国主义精神，坚定了社会主义信念。

在日常生活中，高职院校还通过各类评比活动来提升师生们的自身修养，如文明寝室、优秀室友、优秀班级等评比。这些活动不仅促进了学生之间的交流与沟通，还有利于校园的和谐与发展。

特别值得一提的是，高职院校的社团活动已成为校园文化中一道亮丽的风景线。各种社团不断涌现，极大地推动了校园文化的繁荣发展。这些社团满足了不同学生的兴趣爱好，因此活动参与度高且发展迅速。为了确保社团活动能对校园文化产生积极影响，需要教师的悉心指导和学校领导的大力支持，从而使社团活动更好地服务于学生，促进校园行为文化的深入发展。

2. 当前高职院校校园行为文化面临的主要问题

（1）认知不足与重视程度不够。在目前我国高职院校校园行为文化的发展进程中，一个显著的问题是人们对校园行为文化的重要性缺乏清晰的认识，没有给予足够的重视。现阶段，高职院校管理层中仍存在文化素养不高、思想观念陈旧的现象。这些管理者对校园行为文化的理解存在偏差，因此在制定推动校园行为文化发展的决策时可能缺乏时代性、针对性和创新性。由于自身的忽视，他们在应对上级检查时往往流于形式，抱有应付了事的态度，未能真正推动校园行为文化的发展。例如，仅在检查时临时拉横幅、贴标语、组织晚会等。还有人错误地认为校园行为文化仅仅是丰富师生的课余生活，如组织文体活动、竞赛等，没有深刻认识到校园行为文化在校园文化发展中的关键作用。将校园行为文化与专业课程、学校课程设置割裂开来，这种做法严重阻碍了校园行为文化的深入发展。

（2）文化品位有待提升。在当今这个多元价值观并存的社会环境中，校园行为文化不可避免地受到一些不良价值观的影响。例如，部分学生存在重利轻义、拜金主义、攀比心理和暴力倾向等问题。他们过分看重金钱，认为"钱途即前途"，这种观念严重扭曲了学生的价值观和人生观，对其健康成长造成了负面影响。有些学生甚至认为金钱是万能的，在金钱和利益面前可以舍弃一切，包括亲情、友情和爱情。社会上流传的某些拜金主义观念也在学生中引起了不小的波动，这种不健康的价值观正在逐步侵蚀大学生的精神世界。

校园行为文化本应以健康、积极向上的面貌展现在学生面前，但随着改革的深入和国际交流的增多，外来文化和社会上的非主流文化对校园行为文化的形成造成了不小的影响。由于不良文化的侵蚀，高职院校中出现了一些低俗文化现象。例如，西方文化中的极端利己主义、虚无主义等思想在学生中蔓延。此外，社会上的不良习惯，如烟酒文化和拜金主义等，也对校园行为文化的产生造成了负面影响。高职院校中出现的这些消极文化思潮与校园应有的青春、朝气、积极向上的氛围格格不入，严重影响了高职院校学生思想观念的形成和发展。因此，提升校园行为文化的品位，抵制不良文化的侵蚀，是当前高职院校面临的重要任务之一。

（3）缺乏独特性。校园行为文化作为校园文化的重要组成部分，其发展必须建立在具有本校人文特色和符合自身发展需求的基础之上。大学生正处于充满活力的青春期，他们渴望社会交往、寻求归属感，并期待快速成熟，展现自己的个性和优点，同时希望得到他人的尊重和关心。在校园行为活动中，大学生能够实现自我价值，提升个人能力，并在交往中增进彼此的理解和信任，从而增强面对社会的信心并不断完善自我。但目前高职院校在推动校园行为文化时，往往过于注重形式而忽视内容的深度，存在盲目跟风和形式主义的倾向。例如，投入大量资金打造豪华场地和高科技音响设备，却忽视了活动的文化内涵和教育意义，导致活动场面看似热闹，实则缺乏深度和影响力。

（4）缺乏沟通与交流。在经济全球化、政治多元化和信息网络化的时代背景下，信息的开放和时代的进步要求我们不能孤立与封闭。教育也需要与时俱进，走向世界、面向未来。为了制定出符合时代发展需求的人才培养理念，我们必须具备前瞻性的眼光并深入了解世界发展趋势。但目前一些高职院校在发展校园行为文化时仍局限于校园内部，缺乏对国家和社会因素的深入分析，导致校园行为文化的发展流于形式，无法真正推动校园文化的进步。此外，尽管国际高职院校的交流日益频繁，但某些高职院校出于短期利益的考虑，在交流过程中过于谨慎，未能充分利用这些交流机会来提升自身的校园行为文化。有些高职院校虽然重视文化交流,并派遣教职工到国外学习优秀经验,但由于种种原因,他们往往只能学到表面知识,难以深入掌握国外的优秀教育理念和实践经验。

3. 高职院校校园行为文化问题的深层次原因分析

(1)高职院校各方对校园行为文化的认识不足。校园行为文化的构建与发展是一个系统工程,需要学校各个部门和各个领域的紧密配合与协调。在这个过程中,学校领导是文化发展方向的决策者,教师是引领者,而学生是这种文化的实践者和体现者。同时,我们不能忽视校园中的工作人员在校园行为文化中扮演的重要角色,他们也是这一文化的重要组成部分。只有当学校的所有工作人员都能全心全意地为学校服务,为师生创造一个舒适的学习、工作和生活环境时,校园行为文化才能得到真正的发展和壮大。但目前高职院校各方对校园行为文化的认识还不到位,这在一定程度上阻碍了其发展。

(2)社会和国际不良思潮对校园行为文化的冲击。高职院校校园行为文化作为社会主流文化的衍生,不可避免地会受到社会文化的影响,包括积极和消极的两方面。随着改革开放的深入推进,高职院校与社会的互动日益加深,这使得校园这个原本纯净的环境受到了不良文化的侵蚀。例如,功利思想(如拜金主义、重利轻义等)、炫富攀比行为以及"金钱万能"等不健康的观念开始渗入校园。此外,随着互联网的普及和信息流通渠道的拓宽,西方高职院校中的一些消极观念,如个人主义、自由放任、怀疑一切和玩世不恭的态度等,也通过网络传播到我国,对高职院校的文化建设产生了负面影响。这些消极思想如果不加以限制和管理,就会严重影响校园行为文化的健康发展。但在抵御这些不良影响的同时,我们也应该学会鉴别和筛选,积极借鉴和吸收国外优秀的文化成果,与我国自身的发展特色相结合,走中国特色社会主义道路,并及时融入时代发展的精神。

（3）校园行为文化建设缺乏创新精神。在当今社会各界对校园行为文化越来越重视的背景下，各高职院校也积极响应并大力发展校园行为文化。但很多学校只是盲目跟随时尚潮流，没有根据自身的办学特色、校风学风以及校园品牌等元素，创造出真正符合自身发展需求的校园行为文化模式。因此，我们常常看到许多高职院校的发展模式相似，校园行为文化活动也缺乏新意。目前高职院校的校园文化活动，如讲座、志愿者活动、公益活动、科技展览、文体竞赛等，已经很难打造出让人眼前一亮的新形式。这种缺乏特色的状况源于多方面因素，涉及管理者、工作人员、教师和学生等各方面的责任。作为行为活动的规划者，管理者没有将学校的传统文化与新时代的发展相结合；作为教师，没有为管理者提供符合学校特色的发展规划；而学生作为行为文化的参与者，也缺乏推动校园文化发展的热情，以及在学校提供的舞台上充分展示自己的激情。

（4）缺乏开放交流的勇气和决心。在发展校园行为文化的过程中，我们需要摒弃陈旧和固执的思想观念，勇于走出去、引进来，拓宽校园行为文化的发展路径，不断完善其发展思路，以推动校园文化的更高质量发展。校园行为文化作为文化的一种形式，具有文化的所有特性，包括传播和交流。虽然校园文化是一种亚文化，但也应该积极参与交流和传播。为了紧跟时代步伐并不断完善自身，校园行为文化需要吸收外界的优秀文化。党和国家领导人也多次强调，当前的教育发展方针应注重教育与社会实践的结合。因此，校园行为文化不应仅局限于校园内部，更应该融入社会，以得到更高水平的提升和发展。学校是培养人才的摇篮，而人才是建设祖国、推动社会发展的基石。为了培养出符合国家发展需求的人才，学校必须积极参与社会发展的每一个进程。

（三）高职院校校园行为文化建设的新挑战与新机遇

在紧跟时代步伐，持续推进自身校园行为文化建设的过程中，各高职院校将面临着来自多方面的挑战、考验以及发展的新机遇。

1. 社会环境的变迁对高职院校行为文化建设产生的影响与交融

校园文化作为社会主流文化的附属文化，需要通过与不断演变的社会进行互动交流来实现自身的完善与发展。校园文化置身于社会大环境之中，其形成与发展深受社会文化的影响。优良的社会环境能够助推校园行为文化的健康发展，而不良的社会环境可能动摇良好校园行为文化的基础，进而影响学生的价值观和人生观。

随着我国社会主义经济体制改革的持续深化，经济迅猛发展，与国际社会的联系日益紧密，人们的思想观念也在不断更新。高职院校作为文化和信息交汇的前沿，不断接触并吸纳新的文化和海量信息。随着经济发展、利益驱动以及生活环境的变迁，人们的利益观、价值观和人生观也在经历重塑，社会上因此出现了一些负面思想，如见利忘义、急功近利等。在这样的社会环境中，校园难以完全规避消极因素的影响。

随着东西方经济文化交流的日益频繁，在与西方文化的融合过程中，我们难免会受到一些不良思想文化的侵蚀，导致一些人开始摒弃艰苦奋斗、勤俭节约和自力更生等传统美德。高职院校的学生作为接受新鲜事物的先锋，由于分辨能力不足、是非观念模糊，因此容易受到享乐主义、奢靡之风等负面思想的侵蚀。在社会主义不断发展的今天，为了更好地发展校园行为文化，高职院校应该深入思考如何将社会主义核心价值体系融入校园行为文化，从而潜移默化地影响大学生树立爱国主义、集体主义的正确价值观和人生观。同时，我们也需要思考如何坚持以马克思列宁主义、毛泽东思想、邓小平理论、"三个代表"

重要思想、科学发展观、习近平新时代中国特色社会主义思想为指导，建设具有中国特色社会主义的校园行为文化；如何将国际和社会中的优秀文化引入校园，完善校园行为文化；如何有效挖掘校园资源，创造积极向上的校园精神等问题。

2. 校园环境变迁对高职院校行为文化建设产生的熏陶与影响

校园行为文化是在校园中孕育并持续发展的。优秀的校园环境能够潜移默化地推动校园行为文化的进步与提升，充满人文气息的氛围有助于提升学生的个人品质并净化他们的心灵。相反，恶劣的校园环境则可能对校园行为文化的产生和发展产生消极影响。例如，一个脏乱差的校园环境可能会在潜意识中给学生传递一种"破窗效应"的暗示，从而导致学生养成随手扔垃圾、餐后不收拾餐具、寝室脏乱差等行为。

随着经济的发展和生活条件的改善，学校在学生们的衣食住行等后勤保障方面的投入也在不断增加。寝室配备了空调、电视、电脑、独立的卫生间和洗衣间等设施，食堂聘请了专业厨师为学生们提供可口的饭菜，并有专职的保洁人员负责清理餐后垃圾。此外，学校还投入大量资金修建了图书馆、自习室、音乐厅等场所。但在为学生提供舒适和完善服务的同时，学校也在一定程度上削弱了学生的动手能力和艰苦奋斗精神。学生们只需花费一些钱就能享受到相应的服务，这可能会养成他们的懒惰和拜金习惯，从而严重影响他们未来的发展。

3. 素质教育发展为高职院校行为文化建设带来了新机会与新挑战

新的环境催生了新的文化，而新文化又促进了新教育制度的发展。21世纪是科技飞速发展的时代，国家之间的竞争已经演变为综合国力的竞争，包括科技、军事、文化、经济等多个方面。环境的演变推动着高职院校教育体制的改革，现在的教育制度要求学校全面落实素质教育，促进学生德智体的全面发展。因此，高职院校实施素质教育是完成教学工作的关键所在。

如何培养出德智体美劳全面发展的优秀人才，为社会主义事业奋斗终身的执着人才，以及爱国、爱党、爱家的忠诚人才，是高职院校面临的重要任务。在新的时代、新的环境和新的挑战下，高职院校的校园行为文化发展需要更新观念，不断创新并与时俱进。在发展素质教育的过程中，高职院校要勇于面对挑战并抓住机遇。同时，需要不断思考如何通过提高自身的综合素质来带动学校的整体发展；如何面对外来文化的冲击，去其糟粕、取其精华，以完善自身的发展；如何将科学文化知识运用于中国特色社会主义事业的发展中去；如何弘扬中国传统美德并与新时代新文化相结合；如何通过发展校园行为文化来提升学生的综合素质等问题。在高职院校重视素质教育的关键时期，正确认识校园行为文化的重要性至关重要。我们不能单纯地将校园文化活动视为娱乐活动，而应将其发展为促进学生综合素质提升的高品质文化活动，使其成为培育人才过程中不可或缺的方式。这是当前高职院校必须面对的核心课题之一。

二、强化并优化高职院校行为文化建设的路径与平台

行为文化作为校园文化发展的核心驱动力之一，其强化方式直接关系到高职院校整体素质的提升。在确保遵循中国特色社会主义建设方向的基础上，我们需要准确理解高职院校行为文化的深层含义，明确发展方向，完善构建机制，优化发展环境。这些都是在加强行为文化建设过程中必须攻克的难题。

（一）明确高职院校行为文化建设的整体方向

一个清晰的建设方向能够引导行为文化走向正确的发展轨道，确保行为文化实现更高质量的发展。因此，我们需要迅速明确行为文化的建设发展方向，以推动校园形成良好的风气，进而促进校园文化的全面进步。

1. 以社会主义核心价值观为指导推动行为文化建设

校园行为文化作为一种附属文化，具有独特性，其发展需要指导思想的引导。在中国特色社会主义发展的大背景下，高职院校应坚定不移地走中国特色社会主义道路，坚持以马克思列宁主义、毛泽东思想、邓小平理论、"三个代表"重要思想、科学发展观以及习近平新时代中国特色社会主义思想为理论基础。只有这样才能确保校园文化的发展方向正确，并在潜移默化中帮助学生树立正确的价值观、人生观和世界观。

随着我国社会主义的持续发展，我们结合自身国情，不断完善和发展自己的理论体系。从马克思列宁主义、毛泽东思想，到邓小平理论、"三个代表"重要思想，再到科学发展观，以及习近平新时代中国特色社会主义思想，都是我国理论发展的重要成果。为了发展校园行为文化，高职院校需要与时俱进，紧跟时代潮流，了解国家发展规律，正确认识社会发展变化，以社会主义核心价值观为引导，推动校园行为文化的建设，进而提升校园文化的整体水平和学校的综合实力。

2. 秉承以人为本的工作理念，优化行为文化建设

学校不仅是传授知识和探索未知领域的殿堂，更是提升社会整体道德水平和净化社会风气的精神净化场所。作为社会进步的引领者，校园文化决定着社会文化的发展方向。校园行为文化作为校园文化的重要组成部分，其根本目的是为全校教职工和广大学子服务。因此，建设校园行为文化的出发点和落脚点应放在教育、服务和引导人的方向上，全面贯彻落实以人为本的工作理念。

全校教职工是校园行为文化的主体之一，他们承担着引领校园文化活动向更高层次迈进的重要任务。在加强校园行为文化建设的过程中，我们应尊重、理解、信任和关心教职工，切实保障他们的合法权益，从而提高他们的工作热情。作为学校管理者和学生之间的纽带，优秀的教师能够巧妙融合双方的意见

和建议，设计出既符合学校发展又受学生欢迎的校园行为文化活动。在坚持以人为本的服务理念时，我们需要建立科学合理的考评机制和公平透明的奖惩制度，对那些贡献突出的教职工给予精神和物质的双重鼓励；对流于职守的教职工进行严惩。同时，在教职工的生活、工作和学习方面给予无微不至的关怀和照顾，支持他们进行自我提升，从而提高学校教职工的整体素质。

学生是校园行为文化的主要体现者和活动的参与者，高职院校在建设校园行为文化时，应关注他们的个性发展。通过引导和指导，帮助学生自主组织校园行为文化活动，提升个人能力，并加强他们的主体作用，从而推动高职院校行为文化的发展。在树立以人为本的理念时，我们需要真正了解学生、理解学生、服务学生和信任学生，将学生的利益放在首位。只有这样才能充分调动学生自主学习、参与活动和创造的积极性，确保校园行为文化得到更好、更快的发展。

3. 重视行为文化建设与学生全面发展的融合

培育能够胜任社会主义现代化建设的合格接班人，是发展校园行为文化的核心目标。通过校园文化潜移默化的影响，引导大学生树立爱党、爱国、爱家的情怀，坚持走社会主义道路，弘扬社会正能量，成为有理想、有道德、有文化、有纪律的"四有"青年。因此，校园行为文化的发展与促进学生的全面发展紧密相连。只有将促进学生的全面发展作为校园行为文化发展的出发点和落脚点，才能真正彰显校园行为文化的价值。

大学生从备受呵护的中学阶段步入自主性更强的大学环境，这种突如其来的变化可能让他们在生活和学习上感到迷茫。但从父母的庇护下解脱后，他们开始逐渐形成自己的见解，怀揣梦想，确立远大志向。在大学里，他们不仅能够获取更多的科学知识，还能够通过参与校园文化活动逐渐融入社会，增强对社会环境的认知，了解当今社会和国际的最新动态，为未来的学习、工作和生活奠定坚实的基础。作为校园文化活动的主体，大学生充满了青春活力，思维敏捷且富有创造性，但有时也不免显得不够成熟稳重，思想单纯，辨别是非的能力有待提高，情绪易受外界影响。正值青春期的大学生，正处于人生观、价值观和世界观等思想观念形成的关键时期，肩负着振兴中华的重任，是社会主义事业的主力军。如何通过文化活动引导大学生全面发展，已成为当前高职院校工作的首要任务。

在建设校园行为文化的过程中，我们应紧密结合学生的特点，尊重他们的发展规律，深入了解并信任学生。在教学方面，我们可以设置个性化课程，以满足不同学生的需求，确保每个学生都能找到适合自己的发展路径。在社团活动方面，学校应不断丰富活动内容，在财力和人力上给予最大限度的支持，激发学生的参与热情。这些活动可以提升学生的个人能力，丰富他们的阅历，增强人际交往能力，并培养团队协作精神。在生活环境方面，学校应加大资金投入，完善相关配套设施，确保学生享受到优质的服务，感受到家的温暖。在良好的环境中，潜移默化地影响学生，帮助他们形成良好的行为习惯，提高综合素质。

（二）优化高职院校校园行为文化建设的工作机制

构建校园行为文化是一个错综复杂的系统工程，需要各部门之间的紧密合作与相互支持。作为一个高度综合的系统项目，其工作机制的优劣对校园行为文化的建设具有深远影响。只有构建一套科学、合理且具有明确导向性的工作机制，才能有效地推动校园行为文化的建设。

1. 优化管理层的工作机制

随着经济与社会的不断发展，校园与社会的联系日益紧密，高职院校的各项工作制度也需要与时俱进，不断更新和完善。在制定校规、校纪及管理制度时，应依据国家相关法律法规和教育部的相关规定来完善学校的管理制度。学校的管理者掌控着学校的发展方向，是构建校园行为文化的关键环节。他们的工作具体包括组织、动员、制定和领导校园行为文化的推进。一个健全且完善的管理机制，能够促使管理者树立正确的价值观和人生观，全身心地投入到教育工作中，从而有效地开展校园文化活动，确保校园各项任务指标得以顺利完成。

在优化管理层的工作机制时，我们需要建立健全责任体系、奖惩制度和监督机制，以确保学校管理者能够认真负责地为学生服务，并在相关机制的激励下积极提升自身的工作能力，从而推动校园管理队伍整体素质的提升。同时，学校应建立监督机制，调动校园内外的监督网络，促使管理者摒弃官僚主义作风，杜绝贪污腐败现象的发生。

2. 健全教职工的工作机制

教职工在引导学生和参与校园文化建设中有着举足轻重的作用。他们是学生的指导者，只有当教职工积极融入校园文化活动时，才能有效地引领和帮助学生正确地开展这些活动。在校园行为文化的构建与传承中，教职工担当着先行者和传播者的重要角色，他们工作机制的优劣将深刻影响校园行为文化的持续发展。

教职工的工作机制涉及工作、学习和生活三个层面。在工作层面，需要构建并完善奖惩机制和工作考核机制，通过精神和物质层面的激励，提升教职工的工作积极性，进而提高教学质量，确保校园文化的健康发展。在学习层面，学校应建立培养、考核和进修等激励机制，不断鼓励教职工提升个人的工作能力和业务水平，从而提升工作效率，增强学校的核心竞争力。在生活层面，学校应为教职工提供生活上的帮助，设立可供学习、研究和休息的多功能活动空间。以人性化的理念为出发点，完善教职工的工作机制，为校园文化的蓬勃发展提供保障。

3. 强化后勤保障工作机制

校园后勤保障工作旨在维护校园环境，确保师生学习、工作和生活的正常进行。这包括维护教学楼、宿舍楼、科研楼、活动室和食堂等公共建筑内的卫生环境，以及及时更新和维护相关硬件设施等。此外，后勤保障还需合理安排课程，以最大化利用学习场地，同时确保师生的作息时间顺应生物钟规律，实现学习、活动和休息的平衡与和谐。

有效的制度是推动工作顺利开展的关键。每项制度都有其存在的必要性，每项制度都是确保工作顺利完成的不可或缺的部分。为了建立适应教学、科研和生活发展的机制，我们必须及时总结经验教训，借鉴国外的优秀经验，并结合本国的特色和国情进行发展。同时，我们需要紧跟时代发展的潮流，坚持以人为本和中国特色社会主义道路的原则，从而构建推动校园文化发展的工作机制。

（三）改善高职院校校园行为文化建设的内外部环境

1. 提升高职院校校园行为文化的外部环境构建质量

校园文化作为社会主流文化的一种子文化，需要与社会保持持续的交流和互动，以实现自身的完善与发展。校园身处社会之中，其文化的形成深受社会文化的影响。优质的社会环境能够推动校园文化的正向发展，而不良的社会环境可能对校园行为文化产生负面影响，从而影响学生的价值观和人生观。高职院校所在城市的经济、人文和自然环境，对校园行为文化的发展具有关键性的影响。在人文气息浓厚、环境优美的城市中建立的高职院校，更有可能形成良好的校风。相反，在环境脏乱差、嘈杂的城市中，高职院校的校风建设可能会受到严重干扰，难以孕育出优秀的校园文化。

随着经济的快速发展，社会环境的复杂性日益增加，校园与社会的联系也日趋紧密，这使得校园文化在一定程度上受到社会消极思想的影响。尽管政府部门对各种非法活动进行了严厉打击，但黄赌毒等非法活动仍通过复杂的信息传播渠道，逐渐侵蚀着校园这片净土。因此，提升高职院校校园行为文化的外部环境建设，对于学生的健康成长和校园行为文化的发展具有重要意义。

为了确保校园外部环境的健康发展，各级政府和相关部门需要不断加大工作力度，全面清除影响青少年健康成长的低俗文化。首先，国家和教育部门应制定相关法律法规，提高对违法行为的惩处力度，以遏制校园周边的违法现象。其次，政府各部门应明确各自职责，密切配合，弥补监管盲区，确保对校园周边的违法现象进行及时查处。再次，学校应根据相关法律法规建立校园管理制度和严格的行为准则，从根本上减少学生接触不良行为的可能性。最后，学生应自觉自强，培养健康的兴趣爱好，坚决抵制黄赌毒等非法行为的侵蚀。只有多方共同努力，才能为校园文化的发展创造一个良好的外部环境。

2. 提高高职院校校园行为文化的内部环境建设水平

环境是文化的摇篮，一个出色的环境可以推动文化的繁荣发展。作为构成校园行为文化的核心要素，校园内部环境占据着举足轻重的地位。这个内部环境涵盖了师生们的学习、工作和生活环境，为师生们营造了一个优雅、宁静的环境，使其能够在无形中促进优秀的校园行为文化的形成。

（1）学习环境。学习是学校最重要的活动。一个宁静且有助于树立远大志向的学习环境，能够从外部激发学生的学习热情，点燃他们的学习兴趣。学习环境包括教室、自习室、阅览室、实验室等各种学习空间。在改善学习环境时，我们需要先确保环境的"洁净"，再追求"静谧"，最终提升至"雅致"。"洁净"要求学习环境必须干净整洁，座椅无尘无垢；"静谧"强调学习环境必须保持安静,以帮助学生集中注意力,静心思考;"雅致"是指营造一种高雅的学习氛围,让学生能够从环境中领略知识的深邃和艺术的魅力。

学习环境是校园行为文化的重要发源地,因此,学校需要增加资金投入,积极改善和优化学生的学习环境。例如,扩大自习室的建设规模,以避免因座位不足而导致学生占座的不良行为。同时,学校应配备专业人员对教室、自习室、阅览室、图书馆、实验室等学习场所进行管理,确保这些场所的硬件设施得到及时的维护和更新,以确保其整洁、安静和雅致。图书馆是知识的宝库,应收藏丰富多样的书籍,涵盖古今中外,同时探索未知领域的各个方面。作为科技创新的殿堂,校园内科学实验室的建设至关重要。学校应引进先进的科技设备,确保实验的精确性,提高科学研发的效率。总之,我们的目标是为师生打造一个融合现代与古典、严谨与轻松的学习氛围,通过环境的熏陶激励学生不断成长和进步,从而推动良好校风、学风的形成,进一步促进校园行为文化的建设。

(2)工作环境。学校的工作环境主要包括教师的教学环境、后勤职工的工作环境以及教师的科研环境。一个优质的工作环境能让教师心情愉悦,从而激发他们的工作热情,提高工作效率,实现自我价值。在建设教师工作环境时,我们应注重"洁净"、"静谧"与"雅致"。例如,学校可以在工作场所悬挂名人字画,从精神上激励教师发扬园丁精神,更积极地投身于教育事业,从而提升教学质量。另外,学校需要不断完善后勤保障的工作工具,以确保后勤工作的高效执行。在构建教师的科研环境时,应积极引进尖端精密的仪器设备,为教师提供强大的物质支持。

(3)生活环境。生活环境包括师生的日常生活和娱乐环境。与严肃的教学及办公环境不同，生活环境的建设应贯彻以人为本的原则，从师生的实际需求出发，努力满足不同个体的多样化需求，为师生提供家庭般的温暖与关怀。

生活环境涉及师生的衣、食、住、行等方面。在穿着方面，宿舍区配备洗衣机，以方便师生的日常生活。在饮食方面，食堂聘请专业厨师和保洁人员，确保师生能够享受到干净、卫生且美味的餐食。在住宿方面，宿舍作为师生的休息区域，尤其对于在外求学的学子而言，宿舍的设计应让他们感受到归属感。因此，我们需要提升宿舍环境，配备必要的设施，如电脑、电视、独立卫生间、衣橱、书桌等，为师生打造舒适的休息环境。一个干净幽雅的环境会潜移默化地影响师生的道德观念，而现代化的设施能够为师生提供便捷的生活方式。

娱乐环境，包括文体活动环境和校园环境。随着经济的发展，人们的生活和工作压力逐渐增大，单调乏味的生活不利于师生的全面发展。因此，完善校园娱乐环境可以有效缓解师生的学习和工作压力，帮助他们调整状态并提高工作效率。学校可以建设文体活动场馆，引进各种运动器材，师生在培养兴趣爱好的同时，也能强身健体、提升个人素质。此外，校园环境的设计应兼具青春活力和知性内敛，既要彰显青年人的活力特质，又要启迪他们形成高雅的品位。例如，在校园内布置园林景观或人文景点，通过一草一木、一景一物来陶冶师生的情操。随着校园内部环境的不断优化，校园行为文化将得到显著提升，进而提高学校的整体文化素养。

（四）加强校园行为文化建设的措施与载体

校园行为文化建设是一个复杂的系统工程，不仅需要完善各项工作机制、优化文化培育环境，还需要有强有力的措施和丰富的载体，才能真正促进其快速发展。

1. 用优秀传统文化引领校园行为文化

校园文化是一种独特的社会文化体系，融合了时代气息和传统文化。它既体现了大学生的自身特质，也反映了时代发展的特征，是时代的标志，也是大学生的象征。每个学校都有其独特的校园文化，但在发展校园行为文化的同时，需要确立明确的精神指引。我国传统文化经过五千多年的传承和发展，具有深厚的文化底蕴，将其作为校园行为文化的精神指引，有助于校园行为文化的迅速成长与繁荣。

中国是一个拥有五千多年悠久历史的国家，其民族文化随着时间的推移不断沉淀与创新。从四书五经到唐诗，从宋词到四大名著，从兵马俑到莫高窟，中华民族不断书写着辉煌的篇章。随着几千年来社会环境的变迁、经济形态的演变、观念意识的更迭，民族文化不断积累、传承和发展。传统文化经过千年的传承，持续影响着当代人的价值观、思维方式和道德标准。校园行为文化作为社会主流文化衍生出的亚文化，受到社会主流文化的影响。优秀的传统文化作为校园行为文化的引领者，可以使校园行为文化更贴近社会发展，从而促进校园文化和学校综合实力的提升。

优秀的传统文化是以儒家思想为核心，博采众长，吸收借鉴不同文化形成独特的民族文化瑰宝。优秀的传统文化包括重视道德和人格完善，崇尚仁、义、礼、智、信，提倡自立自强等。中华传统美德中道德是至高的要求，而儒家的"仁"是道德要求中的最高要求，教导人们要仁义和善，并把忠、孝、仁、礼作为立人的根本。遵循传统文化的要求，可以更好地提升道德修养，更好地做人、做事、尊师重道、孝顺父母、报效祖国。高职院校作为培养祖国未来接班人的摇篮，不仅要培养学生学习科学文化知识，还要教会他们做人的道德标准。优秀的传统文化潜移默化地影响着学生们的道德建设，不断提高职院校园整体道德标准，丰富校园行为文化的内涵。

2. 以大学精神文化滋养校园行为文化

大学精神堪称校园文化行为的核心灵魂。为了构建一个充满活力的人文环境并营造浓厚的文化氛围，我们必须以充满朝气和人文气息的大学精神为支柱。这种精神旨在通过求知欲、进取心以及向善的文化理念，教育、感化、启迪并引导学生不断成长和进步。大学精神文化代表了大学校园特有的群体文化精髓，是整个校园凝聚力的源泉。尽管它是校园文化的一部分，但其特质使其区别于一般的校园文化。健康积极的大学精神文化不仅能够潜移默化地影响学生，激励他们持续进步并树立正确的价值观、人生观和世界观，更能够推动校园文化的繁荣发展。它能够从外到内全方位提升校园文化的品质。

大学精神文化反映了一所学校自创立以来积累的精神财富。它涵盖了教学、科研、社会服务等多个方面，是引领校园文化形成和发展的精神指南与动力源泉。这种精神源于学校自创立以来的各种教学活动、社团活动、科研实验以及文娱活动等，不断唤起师生对真理、知识和善良的追求。大学精神具体体现在校风、校训和学风之中，并通过丰富多样的活动不断渗透和影响校园文化的塑造，帮助学生树立正确的价值观、人生观和世界观。

每所学校都有其独特的大学精神。在优秀传统文化的引领下，各高职院校的大学精神文化随着社会主流文化的演变而不断发展。例如，爱国主义、爱校精神、团结协作等，这些都是高职院校所追求的核心价值。其中，爱国主义教育是校园行为文化发展的基础，而爱校精神是建设校园文化的基本要求。只有在爱校的基础上，才能在校园中形成归属感，进而凝聚共同价值观，推动校园行为文化的持续发展。

3. 用丰富多彩的校园文化助力校园行为文化

文化的发展需要载体，优秀的传统文化能够保证校园行为文化的深度，丰富的载体则能拓展文化的广度。丰富多彩的校园文化不断充实着校园行为文化的载体。过去，校园行为文化只能通过课堂去实现，而随着时代的发展，如今的校园行为文化载体愈加丰富，包括社团、校园广播、校报等。

（1）加强师生共建的群体文化，突出其引领和榜样作用。教师是大学校园中的精神灯塔，他们不仅是校园文化的传播者，更是校园文化的引领者。教职员工在校园文化的塑造和传播中扮演着举足轻重的角色。他们通过课堂这一关键的文化传播平台，向学生传授知识并进行品德教育。同时，通过组织学生参与校外实践活动，他们在无形中引导学生树立正确的价值观、人生观和世界观。为了保持和推动校园行为文化的蓬勃发展，学校必须确保教职员工保持高昂的工作热情。为此，我们需要从物质和精神两个层面来激励教职员工。在物质层面，我们应该加大投入，改善教职员工的工作条件和生活环境，包括提升硬件设施，为他们创造一个优质的工作、学习和生活环境，同时为教职员工提供更多的职业发展机会。在精神层面，我们需要加强管理体系建设，完善奖惩机制，以保障优秀教职员工的合法权益，从精神上鼓励他们自我提升，从而提高学校整体的教育质量。

（2）繁荣学生社团文化，提升活动的影响力和吸引力。社团文化是丰富学生课余生活的重要途径，它有效补充了课堂教育的不足，能够激发学生的各种兴趣，并锻炼他们的组织和管理能力。随着学校的发展，社团活动在校园行为文化中扮演着越来越重要的角色。为了充分发挥社团文化在校园行为文化中的积极影响，我们需要增加资金投入，并完善社团的管理体系。首先，学校管理者应积极推动制定社团工作规范。虽然社团活动主要由学生自发组织和管理，但作为校园行为文化的引导者，学校管理者有责任和义务去优化社团管理，推动社团的健康发展。我们需要明确社团的管理制度，因为完善的管理制度是社团发展的基石。建立严格的社团成立和活动审批制度，能够确保社团活动对学生的健康成长起到积极作用。其次，学校应增加资金投入，为社团活动的正常运作提供必要的设施保障。同时，聘请优秀教师担任社团活动指导，以确保社团活动能够健康、有序地开展。最后，学校应为社团发展创造良好的外部环境，引导并充实各类社团的建立，以满足不同学生的兴趣爱好。通过建立学生学分考评制度，从外部环境激发学生参与社团活动的积极性，在活动中锻炼学生的综合能力，进一步推动校园行为文化的建设。

（3）丰富校园网络文化，加强网络文明教育。随着时代的进步，传统的文化传播载体已经无法满足校园行为文化特色发展的需求。互联网的普及和移动设备的不断更新，使信息传播速度达到了前所未有的高度。为了顺应时代发展的要求，校园行为文化的发展也需要融入时代特色，如通过微信、微博、短视频平台等现代传播渠道，使学生能够更快捷地了解学校和社会动态。

在传统校园中，学生主要通过课堂、校园黑板报和广播了解科技知识和社会新闻。但随着科技的发展，高职院校应更加重视互联网的应用，积极建立网络资源库、师生服务中心以及科学研讨平台等。为了适应大学生思想的转变，我们应充分发挥网络优势，建立集教学、生活、娱乐、信息等多功能于一体的校园数字平台，以推动校园文化行为的数字化发展。

此外，我们还需要加强校园网络文化建设，精心打造一批红色网站，用于传播正能量。通过微博、微信等网络平台，大力弘扬民族精神和中国精神，提升师生的网络文明素养，使他们自觉遵守《网络文明公约》，成为健康的网络使用者。同时，我们要大力开展师生线上线下的文明互动教育、信息安全意识教育和网络安全知识教育，动员师生积极参与校园网络文化建设，引导他们创作高品质、高水准的校园网络文化精品,在学生的思想、道德和价值观念等方面进行积极的引导与教育。

第三节 高职院校网络文化的育人功能

一、高职院校网络文化育人的现状及其形成原因

目前,高职院校在网络文化建设和管理方面已取得了一定进展,这些网络文化在助力大学生获取信息、丰富其业余生活及加强思想政治教育方面发挥了关键作用。但根据对高职院校网络文化育人的相关调研,我们发现其育人功能尚未充分发挥,网络文化的建设和管理仍存在诸多问题。为了有效解决这些问题,我们需要深入探究其根源。

(一)高职院校的教育理念存在偏差,对网络文化的投入有所欠缺

在教育理念上,当前众多高职院校过于强调科学教育,而相对忽视了人文精神的培养。这种倾向不仅阻碍了高职院校网络文化的建设与发展,还严重削弱了其育人功能的发挥。事实上,科学精神与人文精神是相互依存、相互促进的。但在"唯科学论"的教育理念下,校园内充斥着各种功利主义,过度关注科学技术和专业知识,以及过分强调就业率,从而导致人文教育的缺失和校园人文精神的匮乏,这限制了学生的全面发展。

从实际情况来看,一方面,随着高职院校的连续扩招,在校生规模迅速扩大,但教育经费的投入并未与招生规模同步增长,导致教育经费紧张。因此,高职院校只能将有限的资源投入到基础设施建设中,以满足学生的基

本学习和生活需求，而在校园文化建设方面的投入明显不足。另一方面，在网络建设上，高职院校仅仅确保学生能够使用网络，却未能全面考虑如何利用网络资源为教育教学管理工作服务。同时，网络使用的规章制度也不完善，甚至存在缺失，这严重影响了高职院校网络文化的建设和管理水平。高职院校对网络文化建设的重视程度不足，未能充分认识到网络文化在立德树人任务中的服务作用，从而降低了育人效果，阻碍了大学生的全面发展。为了充分发挥高职院校网络文化的育人功能，教育部门应发挥引导和推动作用，而高职院校需要提高自觉性，构建基于自主需求驱动的发展模式。

（二）网络文化具有开放性特征，高职院校网络育人受到多元社会思潮的负面影响

当前，我们正处于改革开放的关键时刻，利益关系日益复杂，人们的思想观念也随之发生深刻变化，价值取向呈现多元化趋势。在经济全球化的大背景下，西方国家对我们的遏制与分化策略从未停歇。除了通过经济手段对我国进行控制和限制，他们还通过文化手段输出其意识形态，鼓吹所谓的"普世价值"，试图用他们的文化理念和价值观来主导世界。大学生正处于世界观形成的关键阶段，他们思维活跃、好奇心旺盛，但其思想观念和价值取向尚未成熟，立场容易动摇，辨别是非的能力有待提高。因此，他们很容易受到各种消极、扭曲的价值观和非社会主义思想的影响，这可能导致他们的政治立场动摇、民族文化认同感减弱，以及民族自尊心和自豪感缺失，最终使大学生世界观、人生观、价值观的发展走向畸形。

此外，网络文化的开放性使其成为一个包罗万象的巨大信息资源库。其虽然为人们的学习和生活提供了诸多便利，满足了人们的多样化需求，也促进了大学生个性化发展和自主意识的增强，但大量不良信息，如淫秽、暴力、反动内容，通过网络渠道渗透到校园，对大学生的心理和思维造成冲击，扭曲了他们的价值观，危害了其身心健康。尽管高职院校的网络文化旨在服务于立德树人的根本任务，并坚决摒弃任何腐朽落后的文化内容，但高职院校的网络文化仍然具有网络文化普遍的开放性特点。这意味着，对于不良的网络文化内容，高职院校只能采取发现一部分处理一部分的策略。这种做法治标不治本，导致在一定时间范围内不良网络文化内容依然存在，这对高职院校网络文化的育人功能提出了挑战。因此，高职院校必须加强对网络文化的引导和规范，建设和谐稳定、充满正能量的网络文化，符合社会主义核心价值观的要求，提高立德树人的成效。

（三）高职院校网络文化建设存在明显短板，缺乏吸引力

桂林高职院校的相关调查显示，校园内的网络平台主要分为官方和非官方两类。官方平台内容倾向正式，而非官方平台偏向娱乐。目前，高职院校在网络文化建设方面面临着形式单一、内容缺乏活力和趣味性、功能单调以及更新迟缓等问题。微博、微信、QQ等社交平台主要被用于娱乐目的，而易班等教育平台的应用并不理想，无法满足学生多元化的需求。在形式上，学校网站的建立主要是为了满足教学管理需求，却忽视了学生的喜好。与主流商业网站相比，学校网站的形式较为固定，未能根据时代发展采用新技术手段进行及时升级。在内容上，学校网站过于注重政策理论的简单发布，内容单调乏味，缺乏吸引力，难以满足学生多方面的文化需求。在功能上，高职院校的网站主要从管理者的角度出发进行设置，而忽视了网站在服务学生生活、交流和兴趣方面的作用。与主流商业网站相比，学生对学校网站的关注度和使用频率远远不足。在更新速度上，学校网站主要关注党和国家重大方针政策的宣传发布以及

学校日常管理的重要通知，这类信息的更新速度较慢。在网络时代背景下，主流商业网站的更新速度更为及时，对于求知欲强、好奇心旺盛的大学生来说，学校网站提供的信息量远远无法满足他们的需求，从而导致学生对学校网站的使用率降低。

（四）高职院校网络文化育人工作队伍的整体素质有待提高

高职院校网络文化育人工作队伍主要由学校的网络技术队伍和思想政治教育队伍组成。网络技术队伍为网络的正常运行提供技术支持，并负责网络文化内容的收发管理；思想政治教育队伍则主要负责制定和发布与思想政治教育相关的内容，旨在对学生进行政治观、法治观、道德观等方面的教育和引导。通过问卷调查和个案访谈发现，这两支队伍的专业素质均有待提高。一方面，网络技术队伍虽然具备一定的网络技术能力，但在思想政治教育理论素养和政治敏锐性方面存在不足。同时，随着网络技术的迅速发展和网络产品的快速更新换代，网络技术队伍需要不断学习以适应新技术的进步。但在高职院校教育经费普遍紧张的情况下，专门针对网络技术队伍的培训项目寥寥无几，导致他们难以掌握先进的新技术和新应用，从而无法满足网络文化建设管理的需求。另一方面，部分思想政治教育者在网络思想政治教育方面的观念尚未转变，对网络思想政治教育的认识不足，较少参与高职院校网络文化建设，难以满足高职院校网络文化建设发展的需要。这种情况导致高职院校网络文化的育人功能出现不足，因此建立和完善高职院校网络文化育人工作队伍势在必行。

（五）高职院校网络文化管理机制亟须更新

高职院校网络文化的迅速更新和广泛传播，在一定程度上削弱了大学生的网络行为规范意识,同时放大了不良言论的影响力,这使得高职院校的网络管理显得尤为重要。但当前高职院校的网络管理机制稍显滞后。尽管一些高职院校已经设立了网络管理部门,或由学工部、宣传部等部门承担网络管理职能,但这些院校尚未建立起科学完善的制度来规范大学生的网络行为。现有的制度与实际需求之间存在较大差距,对于学生网络言论的反馈和处理仍然缺乏有效的制度保障。在管理方法上,高职院校既需要技术保障,也需要加强网络思想政治教育。但大多数高职院校在这两方面都有所欠缺:要么缺乏技术管理,要么忽视网络思想政治教育,或者虽然重视网络文化建设,但缺乏技术保障。随着网络的迅速发展,新的问题和要求不断涌现,而高职院校仍在用旧的制度来应对,这无疑阻碍了高职院校网络文化的建设与发展。

(六)大学生网络使用素养有待提高

一方面,大学生的网络安全意识相对薄弱。由于他们的理论水平和社会经验有限,辨别是非的能力不强,思想容易受到外界影响。如果不对大学生的网络行为进行适当的指导和管理,他们很容易受到各种不良网络内容的侵害,这对他们的成长成才是不利的。另一方面,大学生的网络文明意识也有待加强。在开放、虚拟的网络环境中,人们常常以匿名身份活动,这可能会导致其忽视文明规范的要求。大学生在网络世界中容易不自觉地浏览或发布不健康的内容,传播不良信息,甚至可能被别有用心之人(如敌对势力和分裂分子)所利用,这不利于培养大学生的责任感和使命感,并会削弱高职院校网络文化的育人功能。

综上所述,对桂林高职院校网络文化育人建设和管理的相关调查结果进行分析,我们可以看出,高职院校在网络文化育人方面虽然取得了一定成效,但在网络文化建设和管理上仍存在诸多问题,这些问题严重影响了高职院校在网络文化育人方面的作用。原因多种多样,因此我们需要全面加强高职院校的网络文化建设和管理,以充分发挥网络文化的育人功能。

二、关于优化高职院校网络文化育人的策略思考

高职院校的网络文化在育人方面具有重要功能,它服务于高职院校立德树人的根本任务。但目前这一功能的发挥并不尽如人意。因此,我们需要加强高职院校网络文化的建设与管理,优化其育人功能的实现条件,以最大限度地发挥其育人作用。在优化过程中,我们应明确基本原则,并从指导思想、内容形式、规章制度、工作队伍和网络素养等多个方面入手。

(一)优化高职院校网络文化育人功能的基本原则

要最大限度地发挥高职院校网络文化的育人功能,这是一个复杂而系统的工程,需要在遵循一定基本原则的基础上进行。

1. 创新性原则

高职院校网络文化的特点要求我们在立德树人方面与时俱进,既要扎根历史,又要基于现实,更要引领未来。

一方面,高职院校的网络文化已深入学生生活的各个方面,其育人内容对学生产生着潜移默化的影响,因此我们需要创新育人方式和方法。网络文化内容丰富多彩,对学生具有强烈的吸引力。学生自我意识较强,能够自主选择浏览内容。因此,在网络文化育人过程中,我们应充分利用网络的互动性和隐蔽性,引导学生自由而充分地表达自己的思想情感,从而在潜移默化中提升学生的思想道德境界。

另一方面，我们需要及时更新网络文化育人的内容。随着时代的发展，党的思想理论建设不断取得新成果。我们应根据时代发展的需要，结合党的思想理论发展的最新成果，及时更新育人的内容，以满足学生成长成才的需求。

2. 方向性原则

在丰富高职院校网络文化内容和形式的同时，我们必须确保其思想性。在当今高度开放的时代背景下，各种思想观念层出不穷，这为文化市场的繁荣提供了可能。但如果不坚持高职院校网络文化发展的社会主义方向，西方资本主义的腐朽、落后甚至反动思想可能侵蚀大学生的精神领地，对他们的思想道德素质造成严重伤害，甚至可能颠覆社会的价值观念，威胁我国的意识形态安全。因此，在推动高职院校网络文化繁荣发展的过程中，我们必须坚定不移地坚持社会主义先进文化的前进方向，以社会主义核心价值观为引领，推动其在网络世界中的广泛传播。我们必须将社会主义核心价值观教育融入高职院校网络文化建设的各个环节，引导和教育大学生树立健康的世界观、人生观和价值观，坚定他们的政治立场，从而有效抵御腐朽文化的侵蚀，提高育人的实际效果。

3. 主体性原则

人类社会的历史就是一部不断追求、巩固和展现主体性地位与价值的历史。在高职院校的网络文化中，主体包括学校领导、教师、管理服务人员和学生。其中，学生作为数量最多、最重要的主体，既是网络文化的创造者，也是其消费者。因此，实现高职院校网络文化的育人功能，必须坚持主体性原则。

一方面，我们要尊重、满足和支持学生的需求。高职院校应充分发挥学生的作用，在网络文化建设中关心学生的网络使用，尽力满足他们的上网需求。

我们应从学生的实际发展需求出发，尊重他们的主体地位，解决他们在网络中遇到的问题，帮助他们释放不良情绪。

另一方面，我们需要缩小学生与思想政治教育网站之间的距离。通过完善网络服务，从学生的实际需求出发，增强他们对网络育人内容的政治、理论和情感认同。只有坚持主体性原则，立足当前，着眼未来，不断提升网络服务水平，高职院校才能充分发挥其网络文化的育人功能。

（二）提升高职院校网络文化育人功能的具体措施

为了最大限度地发挥高职院校网络文化的育人作用，我们需要在马克思主义理论的指导下，积极吸收心理学和传播学等相关学科的知识，结合高职院校网络文化的特性，遵循主导性、主体性、创新性等原则，综合制定并实施具体策略。

1. 以社会主义核心价值观为引领，推进高职院校网络文化建设

社会主义核心价值观融合了中国的优秀传统文化、红色文化以及外来文化的精髓，它代表着当今中国社会的精神文化核心，体现了民族和国家的精神追求。将社会主义核心价值观作为高职院校网络文化建设的指导思想，能够引导大学生坚定政治信仰、树立理想信念，并培养高度的文化自觉与文化自信，从而增强他们的社会责任感和历史使命感。

（1）以社会主义核心价值观为主导，迅速占领高职院校的网络空间。高职院校的网络文化平台对大学生具有强大的吸引力，同时是各种思想文化竞相展示的舞台。如果我们不主动用社会主义的思想文化去占领这一阵地，那么非社会主义甚至反社会主义的思想文化就会乘虚而入。因此，我们需要净化高职院校的网络文化环境，加速传播中国特色社会主义文化，并提升其网络文化的精神内涵。为了实现这一目标，我们应在社会主义核心价值观的指导下，积极

建设高职院校的网络文化，大力弘扬中华民族的优秀传统文化，努力打造一个与时俱进的网络文化平台。同时，我们要坚决抵制各种不良思想文化的侵蚀，有效调节社会多元文化的冲突。高职院校应通过网站、微信、微博、易班等网络平台，积极培育和践行社会主义核心价值观，并有效宣传党和国家的方针政策。

（2）在高职院校的网络文化活动中深度融入社会主义核心价值观。要用社会主义核心价值观引领高职院校网络文化的建设与发展，需要积极推动社会主义核心价值观的网络化和大众化进程。这要求我们丰富内容和形式，以大学生喜闻乐见的方式呈现。但在此过程中，我们不能为了吸引人而使内容变得庸俗化，否则会违背马克思主义的基本原则以及培育和践行社会主义核心价值观的初衷，并且无助于高职院校网络文化的繁荣发展。为了将社会主义核心价值观深度融入高职院校的网络文化活动，我们不仅要保持社会主义核心价值观的原有魅力不因网络平台的大众化宣传而受损，还要通过多样化的表现形式为其注入新的活力。这样，我们就能确保社会主义核心价值观在高职院校网络文化的宣传中占据主导地位。因此，高职院校在设置网络文化的具体内容时，应充分尊重并满足大学生的需求，既要体现核心的价值倡导，又要富含现代气息。同时，我们还应在网络活动中巧妙融入主流价值观，并不断推出新的活动成果和活动形式。

2. 构建专业与兼职相结合的高职院校网络思想政治教育团队

鉴于高职院校网络文化所具备的开放性和交互性特点，这些特性虽然有助于大学生在深入交流中深化对理论知识的认识，但也使这些理论知识在传播时面临各种质疑和挑战。因此，这对高职院校网络文化理论研究者和文化传播者提出了更高的能力要求，进一步凸显了加强网络思想政治教育团队建设的必要性。

（1）打造高职院校的网络思想政治教育团队。当前，许多高职院校尚未建立专业的网络思想政治教育团队，相关工作通常由学生工作部、宣传部、保卫部以及学校网络中心等多个部门共同承担，但这种分工不明确，协作效率有待提高。为了解决这一问题，我们需要组建一个既具备深厚理论知识又拥有出色应用技能的专业团队，该团队将由专职和兼职人员共同组成。

首先，我们应吸纳具有高水平思想政治教育能力的教师，协调各方教育者的关系，扩大教师的影响力，以确保学生工作的顺利进行。其次，我们需要选拔一批既具备高度网络技术能力又拥有深厚思想政治理论素养的技术人员，以确保网络平台的稳健开发与管理，为师生提供一个安全可靠的网络文化环境。此外，我们还应组建网络心理咨询团队，并搭建网络心理咨询平台，为大学生提供专业的网络心理咨询服务。最后，我们应积极利用思想政治觉悟高的大学生资源，在各个层面设立兼职网络信息员，以便实时掌握大学生的网络思想动态，对网络信息进行有效监管，并对大学生可能出现的不良思想进行预防、发现、报告和教育，从而确保大学生思想的健康。构建这样一个网络思想政治教育团队，其成员需要具备较高的思想政治教育理论水平、网络理论知识和实操技能，同时要深入了解学生实际情况，并拥有较高的网络文化素养。

（2）定期开展高职院校网络思想政治教育团队业务培训。随着网络的迅速发展，新技术、新产品和新思想不断涌现。为了确保高职院校的网络思想政治教育团队能够紧跟时代步伐，我们需要建立健全的网络思想政治教育培训机制，为团队成员提供全面的业务培训和支持，从而提升他们驾驭网络的能力，实现网络思想政治教育团队的现代化。

首先，我们需要增强团队的责任意识，鼓励他们勇于承担责任，并切实做好网络思想政治教育工作。面对矛盾和问题时，他们需要敢于直面并寻求解决方案。同时，我们还要加强团队的业务技能培训，使他们能够熟练掌握最新的现代网络技术，并不断提升自身的综合能力。此外，我们应建立高职院校网络思想政治教育工作的考评标准，以确保业务能力有明确的标准、要求和落实措施，从而保障专业团队的长期发展。

3．利用现代网络媒体，充实校园网络文化资源

随着网络技术的日新月异，新兴的网络媒体层出不穷，功能日益丰富，对大学生具有极强的吸引力。基于此，高职院校应在完善校园网络基础设施的基础上，遵循思想政治教育和现代传播的规律，充分利用现代网络媒体，以丰富教育资源，创新教育方法，从而提升教育效果。

（1）运用先进的网络信息技术，打造高职院校网络思想政治教育新平台。教育现代化势在必行，将网络技术融入高等教育已成为必然趋势。随着慕课教学被广泛认可，高职院校应加大数字化图书馆的建设力度，开发内容丰富、形式多样的网络课程，并重视网络技术与思想政治理论课的深度融合。同时，积极开展网络评选活动，如先进事迹、先进个人的评选，以提高大学生的网络参与度，实现线上线下相结合，进而提升学生的政治觉悟和参与意识。此外，高职院校应为学生提供开展网络文化活动的必要条件，如举办微电影等网络文化产品设计大赛，以激发学生的积极性、主动性和创造性，从而促进学生的全面发展。

（2）重视自媒体的作用，促进微信、微博、微视频和手机客户端的协同发展。如今，网络技术已进入自媒体时代，大学生广泛使用微博、微信等社交媒体，每个人都能轻松地变身为信息的发布者。微信、微博等自媒体为高职院校的网络文化育人提供了新的途径。官方微博和微信公众号的建立对大学生产生了深远的影响。这些平台具有关注、评论、转发等功能，促进了交流互动的便利性。微视频内容简短、视觉冲击力强，更能吸引学生的注意力。手机携带方

便、使用便捷。调查显示，大学生中手机网民的比例高达97.2%。因此，高职院校需要解放思想、紧跟时代步伐，积极开发手机客户端，发布学习、生活、情感等方面的有用信息，以拓宽思想政治教育的新途径。通过推动微信、微博、微视频和手机客户端的协同发展，使高职院校的网络文化以更加生动活泼的形式展现，师生互动更加亲密和频繁，这有利于传播思想政治理论，解决与学生息息相关的实际问题。

（3）加强贴近学生生活实际的高职院校网络文化内容建设。加强高职院校网络文化建设不仅需要在观念上加以重视，更需要落实到具体行动上。一方面，高职院校的网络文化内容建设应尽可能满足大学生的合理需求，并在满足基本需求的基础上，积极引导大学生追求更高层次的需求。面对网络发展给学校教学管理带来的机遇和挑战，高职院校应积极应对。虽然高职院校有加强网络文化建设和管理的权利与义务，但大学生也有选择是否使用网络以及如何使用网络的自由。因此，高职院校不能强制推行网络使用方式，而应从大学生的实际需求出发，提供有针对性的网络文化内容。例如，针对大一新生，开设网络心理健康教育栏目以解决入学心理上的不适应问题；针对大四毕业生，提供升学和就业方面的信息服务等。另一方面，要不断丰富高职院校网络文化的内容和形式。高职院校网络媒体包括官方和非官方两种类型。官方内容较为严肃、思想性强但更新速度慢、功能单一；非官方内容则较为随意，更新速度快但存在泛娱乐化倾向。为了加强高职院校网络文化建设和管理并丰富网络文化内容，学校应坚持官方与非官方协调发展，了解大学生的上网习惯并尽量满足他们的实际需求，以吸引他们的注意力并施加教育影响，从而促进他们的成长与成才。

3．构建高效且科学的高职院校网络文化育人管理机制

习近平总书记曾明确指出，我们需要依法加强对网络社会的管理，尤其

是对网络新技术和新应用的管理,以确保互联网的可控性。鉴于网络空间已成为各方势力竞争的焦点,我们必须用积极、正面的思想、文化和信息去占领高职院校的网络舆论阵地,以减少和消除不良网络内容的影响。因此,加强对高职院校网络文化育人工作的教育管理尤为重要。为了规范网络行为,避免网络犯罪,并确保网络阵地的健康和谐发展,我们必须采取相应的网络管理和控制措施。

(1)建立师生共同参与的管理模式。高职院校的师生是网络文化的核心主体。为了推动高职院校网络文化的持续健康发展,我们需要尊重每一个网络主体,充分发挥其主动性和创新精神。通过构建师生共同参与的管理模式,相关教师可以在学生的协助下制订总体的实施计划。在某些网络板块的内容上,教师可以在给予学生一定指导的同时,充分发挥学生的自主性,让他们参与到高职院校网络文化的建设中,如发布班级新闻、打造特色班级文化以及班级QQ群和微信群的建设等。这种管理模式不仅能够培养大学生自主解决问题的能力,还能够激发他们的主体意识和责任感,提高他们的网络素养,从而最大限度地发挥高职院校网络文化的育人功能。

(2)建立切实有效的高职院校网络文化育人管理制度。网络对大学生具有很大的吸引力,并对他们产生深远影响。但由于大学生的知识结构尚未完善,自我控制能力有待提高,因此有必要建立相应的管理制度进行约束。随着网络的迅猛发展,我国的法治建设在某些方面还未能完全跟上网络的发展步伐,导致许多网络行为缺乏明确的法律依据。这就要求高职院校在不违反国家法律法规的前提下,制定适合学校网络发展的校规校纪,以增强网络管理的有效性。这些管理制度主要包括高职院校网络文化的前期管理、过程管理和后期管理。

前期管理主要涉及引导和规范高职院校网络文化创作主体的行为,以确保网络文化创作的先进方向。例如,明确哪个部门或个体可以进行网络文化创作,并确保创作内容符合规定。同时,对上传的网络文化内容进行筛选,及时发布有利于发挥网络文化育人功能的内容,并对不符合要求的内容进行修改或删除。

过程管理包括行政监督管理和网络舆情处理管理。行政监督管理是指高职院校网络文化建设的相关管理部门对网络文化进行有效监督,如监督网络软硬件、网络内容和网络主体。网络舆情处理管理则是对网络文化内容进行监督管理,积极宣传符合育人要求的内容,并及时引导和处理不符合要求的内容。

后期管理主要是对前期管理和过程管理的效果进行评估,是对工作进行总结、表彰先进、激励后进的一种管理方式。评估管理的对象包括高职院校网络文化的相关管理部门、教职工队伍、大学生社团组织、班级和个人。因此,需要制定人性化的具体评估指标,以及具有一定力量的奖惩措施。

5. 强化大学生的网络媒介素养培训

为了加强网络伦理与网络文明的建设,并发挥其道德引导作用,以改善网络生态,我们需要重视大学生的网络行为教育。教育部门和高职院校应广泛开展网络文明与网络法治教育,引导学生养成科学、文明、健康和守法的上网习惯。为了充分发挥高职院校网络文化的育人作用,我们不仅要加强网络文化的建设,营造积极、健康、充满正能量的网络环境,更要注重对大学生的教育和引导,激发他们的积极性和创造性,从而提升他们的网络文化素养。

(1)培养大学生筛选和处理网络信息的技能。在网络信息时代,信息产量激增。当信息量超出人们的承受能力时,它将会对个人的学习和生活质量产生不良影响。信息过剩会给人带来压力和不安,因此,有效地获取信息、分析信息和表达信息需要成为现代人必备的核心技能。大学生常常依赖网络进行学习,并且他们的知识结构有待完善,自控力有待提高,对网络信息的辨别能力也相对较弱。面对海量的网络信息,他们可能会感到知识恐慌,甚至有可能被网络所奴役。为了解决这一问题,我们需要加强对大学生的教育引导,提升他们辨别网络信息的能力,帮助他们明确上网的目的,使网络真正成为他们学习和生活的得力助手,成为他们健康成长的精神支柱。

（2）强化大学生的网络道德教育。虽然网络是一个虚拟的环境,但它实际上是现实世界的延伸和发展。既然现实社会需要道德规范,网络社会同样需要遵循一定的道德准则。每一个网民都应该具备网络道德意识,只有遵守网络道德规范,才能推动网络的健康、有序发展。但现实中许多网民缺乏必要的网络道德意识。加强大学生的网络道德教育,不仅要求他们增强网络道德意识,严格遵守网络道德规范,还要鼓励他们积极参与网络道德建设,并承担相应的网络道德责任。高职院校在进行网络道德教育时,应避免空洞和高调的说教,而应从大学生的日常生活和学习实际出发,丰富网络道德教育的内容和形式,使网络道德教育既贴近生活,又能将网络作为德育工作的新平台。

（3）增强大学生的网络自律意识和自我发展意识。网络文化具有开放性和多元性的特点,教育者的监管难以做到万无一失。大学生是高职院校网络文化的主体,因而提升他们的自律意识是至关重要的。为了增强大学生的网络自律性,我们需要调动他们的积极性。大学生在网络文化中既是教育者也是受教育者。他们可以根据自己的兴趣和爱好,自主选择适合自己的网络专业知识,通过自主学习和自我教育来提升自身的素质与能力,养成良好的网络行为习惯和道德观念，从而文明上网，合理表达自己的观点。此外，高职院校还需要提高大学生的自我发展意识，培养他们自我教育、自我管理和自我提升的能力。大学生应积极参与网络素养教育工作，对存在的不足和缺点提出宝贵的意见与建议。这不仅有利于改进高职院校的育人工作，而且是对大学生网络素养的一种检验，能够促进双方的共同发展。

第五章

新时代高职院校人才培育创新

高职院校所构建和深化的文化观念，是文化内涵的精髓所在。本章以新时代高职院校文化教育的创新为研究对象，深入阐述当前阶段高职院校文化建设的核心要点。我们将探讨高职院校文化教育的主要影响、传播方式及其重要性，并针对高职院校在高技能人才培养背景下的文化建设进行研究。

第一节 新时代高职院校人才培育的基本着力点

一、文化价值观建设

文化价值观不仅体现在对文学作品的解读和看法上，更反映了高等教育机构对文化的深刻理解与正确态度。这种理解能够确保文化被赋予其应有的重要地位。

学校的发展植根于历史文化的背景中。在当今社会，学校的文化发展速度已经明显领先于其他行业。因此，学校不仅成为文化传承与发展的主要场所，其综合实力的提升也在很大程度上得益于文化理念的传播。从学校的发展历程来看，高等教育机构形成的独特文化，对教师和学生都起到了重要的指导与培育作用。这种文化理念不仅增强了师生间的紧密联系，还成为推动学校蓬勃发展的核心动力。

学校作为社会服务的重要机构，其核心任务是为社会培养一代又一代的杰出人才。在这个过程中，学校所塑造的文化理念起着至关重要的作用。但目前高等职业学校在文化建设方面存在明显的短板。这些学校由于建校时间短，缺乏深厚的文化积淀，文化底蕴尚显不足。同时，它们在对待文化活动方面也存在偏见，未能将文化活动视为工作的重中之重。在组织文化活动时，这些学校往往目标模糊，缺乏自身独特的文化特色，因此难以为社会和国家的进步作出应有的贡献。

为了改善这一状况，学校应坚定不移地以社会主义核心价值观为指引，将其融入高等职业学校开展的各类文化活动。从全球视野来看，经济危机已经引发了人们对自我认知以及在国际文化交流中所遇问题的深度思考。如今，民族之间的综合实力比拼更多地体现在文化软实力的较量上。因此，保持和发扬根据自身特色树立的文化思想和意识，成为推动每个民族走向繁荣昌盛的关键力量。

社会主义核心价值体系是国家的精神支柱，为社会主义文化活动提供指导。但在现实中，许多高等职业学校在发展过程中尚未建立起健全的文化管理体系和文化理念框架。因此，它们需要通过举办文化活动来提升文化素养，明确未来的文化发展方向，并创建独特的文化管理机制。这不仅是高等职业学校开展文化活动的根本目的，也是其可持续发展的重要保障。

在高等职业学校的建设中，若要融入社会主义文学思想，就必须坚持马克思主义思想的指导地位。通过马克思主义思想洞察世界、引领文化交流与传播的方向，并将马克思主义思想的最新研究成果运用于全校师生的文化活动指导中。借助社会主义思想的普及与推广，我们可以将师生紧密团结在一起，激发他们的内在动力和爱国情怀，并将这些积极的思想观念转化为切实的行动。通过将学校的服务理念、未来规划与社会主义思想相融合，我们可以塑造出一种师生共同认同的核心文化理念，营造出师生期待的教学环境，从而引领学校的整体氛围。

二、文化管理体制建设

高等职业学校的文化机制改革，是基于文化理念和管理需求进行的系统性调整。这实际上是将管理理念转化为实际行动的过程。高等职业学校的文化机制改革涉及多个方面，包括部门间的沟通协调、文化活动的策划与组织、校园氛围的营造、权责的明确界定、安全保障措施的加强以及活动效果的评价等。文化管理体系是一个需要持续优化和完善的过程，每所学校都有其独特的文化管理体系。当前，高等职业学校正处于转型期，其文化管理制度尚需进一步成熟和完善，以适应新的文化发展要求。因此，高职院校在文化理念与学校发展需求之间的不一致性，主要体现在以下两个方面。

（一）对文化管理体制机制建设重要性的认识不足

许多领导者错误地认为文化活动仅仅是为学生提供的娱乐项目，与文化管理制度的建设无关，因此对文化管理制度的价值产生了片面的否定看法。

（二）管理理念未能及时适应新形势的需求

随着不少大专院校升级为本科院校，其管理制度尚未成熟。例如，有些学校只是简单地模仿其他高等学校，未经系统科学的实践就形成了自己的管理制度；还有部分学校虽然坚持自己的管理制度，但却未达到教育改革对管理制度的要求；甚至有些学校将管理理念与思想教育课程混为一谈。这些现象的产生，往往是因为这些学校成立时间较短，管理制度尚未成熟。

在改进管理制度的过程中，我们首先要明确管理制度的价值和作用，将其改革和提升作为重点工作。一般来说，高职院校的学生来源多样，包括中专毕业生和非统招学生等，早期的管理制度已无法满足当前的教育需求。因此，我们需要建立一套系统且完善的管理制度。学校应设立相应的管理部门，明确其职责和义务；同时，要制订文化活动的策划方案，明确活动目的、内容和具体安排，并将方案细化到各个工作部门。此外，我们还要加强文化活动的宣传和推广，提高工作人员对文化精髓和理念的理解，为文化活动的举办和管理制度的完善提供有力支持。

随着网络信息技术的全面发展，文化管理制度的建设也应与网络媒介相结合。高科技具有高效率、强关联性等优势，能够有效降低文化管理的时间成本。近年来，教育改革的发展方向已从追求学校数量转变为注重学校教育质量。在高等职业学校中，文化活动越来越受到师生的重视。将高科技与文化管理制度相结合，可以推动文化管理制度的多元化建设。因此，随着文化活动的不断增加，其所体现的价值和意义也将更加显著。结合网络技术，文化管理工作将大大提高效率。

三、特色文化培育

（一）与文化传承相适应

各行各业都需要持续的创新与改革，大学作为培养未来领导者和创新者的摇篮，肩负着培育一代又一代优秀学子的重任。大学不仅要传承我国的先进文化理念，还要通过不断地创新和改进，将这些理念发扬光大。这种传承与创新不仅有助于学生和教师调整自身行为、坚定目标与信仰，还有助于促进师生间关系的和谐与亲密，是培养全面发展人才不可或缺的知识内容。在当今社会快速发展、个性化需求日益凸显的背景下，掌握最新的文化理念已成为衡量学校综合实力的关键指标。因此，大学应将先进的文化理念作为文化建设的坚实基础，以满足社会发展需求，并不断提升自身的综合实力。

（二）实现学校、社会和文化发展的有机融合

高职院校的建立与发展的核心目标之一是满足社会需求并顺应时代潮流。任何一所学校的成长都离不开国家和社会的支持。大学培养的人才需要符合社会发展的要求，满足时代的需求。高职院校为社会作出的重要贡献之一就是培养符合社会需求的高素质人才。

不同民族和地区都有自己独特的文化背景与地方习俗。高等教育机构综合实力的提升可以推动当地经济的繁荣，同时对当地居民产生积极的影响和引导。这显示了高职院校与当地文化水平之间的相辅相成关系。每个地方独特的文化氛围都是在高职院校综合实力与当地经济水平相互融合的过程中逐渐形成的。高职院校与当地经济实力紧密相连，呈现正相关的关系。

（三）明确定位，统筹规划，系统推进

文化特色的形成并非一蹴而就，而是需要一个长期的过程。首先，我们需要明确文化特色的定位，设定清晰的目标，并通过切实的行动来加以

实现。目前，高职院校仍然处于发展的过渡阶段，我们需要确定努力的方向，展现出独特的教学观点，以推动教育改革的顺利完成。特别是要借鉴以往成功学校的办学理念和教育观念，同时不断总结和提炼自身实践的经验教训，将办学的成功经验和独特的理念进行传播，为更多的高职院校提供有益的参考。总之，在创办学校的过程中，高职院校要形成独特的文化特色和办学理念，充分挖掘自身潜力并利用各种资源来完成文化特色的建设任务。

第二节 高职院校人才培育的核心影响力探讨

高职院校通过文化教育来培育人才，其效果应体现在以下几个方面：为学生指明正确的价值观，激发他们的动力，增强他们的凝聚力，树立校园文化的新风尚，提升学生的道德品质，规范他们的日常行为，增强学生的综合素养，并陶冶他们的情操。总的来说，高职院校的文化教育应致力于促进学生在多个维度上的成长与进步。

一、基本概念

（一）校园文化

"校园文化"这一概念最初在学生群体中兴起并由他们明确提出。1986年4月，在上海交通大学举办的第十二届学生代表大会上，校园文化建设作为一个关键的讨论点被提出。在这次竞选中，多位候选人将推动校园文化建设作为自己的竞选核心。随后，华东师范大学、上海交通大学、复旦大学等高等学校相继举办了"校园文化建设月"、校园文化艺术节等活动。1986年5月，"校园文化理论研讨会"在上海召开,标志着"校园文化"正式成为我国学术界的一个重要研究领域。

从广义上讲,校园文化涵盖了学校在实践中积累的所有物质财富和精神财富。从狭义上讲,它主要指校园内的精神艺术活动和课外活动等。根据校园文化的发展历程,我们可以将其视为在校园特定地理空间内,通过师生实践活动逐渐形成的独特文化形态,包括校训、学生社团以及校园环境等元素。随着对这一领域研究的不断深入,学者们逐渐将学校的各个方面纳入校园文化的研究范畴。为了满足更广泛和深入的研究需求,"学校文化"这一概念应运而生,作为对"校园文化"的进一步拓展和深化。

(二)高职院校文化

校园文化呈现出多姿多彩的面貌,而作为其提炼与升华的学校文化,则被不同学者从不同角度进行了阐释。一些学者认为,学校文化是对既有的共同价值体系、理想与行为规范的继承,并被学校成员共同遵守与内化。另一些观点将学校文化视为一所学校所特有的、稳定的办学理念、文化价值与学校精神的总和。还有一种看法是,学校文化涵盖了师生共同遵循的价值观、规章制度、教育理念、行为规范,同时体现在各种物质载体和行为方式上。尽管对学校文化的阐释各异,但其核心都围绕着学校的价值观展开。学校根据其教育阶段的不同,可分为幼儿园、小学、初中、高中和高等教育学校。在这个框架下,高职院校文化作为学校文化的一个子集,是指在高职院校发展历程中,由各种观念形态与文化形式所构成的价值总和。这包括行为准则、思想观念、学校形象、规章制度、学校精神和道德规范等元素。从外层到内核,高职院校文化可进一步细分为校园物质文化、制度文化和精神文化。

"文化育人"这一概念可以追溯到《周易》，其核心理念是利用文化的力量来教育和培养人。胡锦涛总书记在清华大学百年校庆的讲话中也强调了高等教育在文化传承和创新中的重要性，以及文化在育人方面的积极作用。尽管国内关于高职院校文化育人的研究已有数十年的积累，并取得了显著的成果，但学者们尚未明确界定"高职院校文化育人"的具体定义。不过，在探讨文化育人时，他们通常会将其置于高等教育的背景下，或与学校环境相结合，其中隐含了高职院校文化育人的概念。

例如，有学者认为，高等教育的终极目标在于培养全面发展的人才，而文化育人作为素质教育的一种模式，通过文化价值等非智力因素的综合作用，推动和促进学生的成长与发展。还有学者指出，高职院校应利用文化作为教育和培养的载体与手段，帮助学生树立正确的世界观、人生观和价值观，并塑造他们完善的人格和品格。另外，也有学者认为，大学应将其核心的精神文化和制度文化传递给学生，以先进的文化熏陶学生，以高尚的精神塑造学生，以崇高的理想引导学生。

那么，"高职院校文化育人"究竟是什么呢？简而言之，它指的人是高职院校作为育人的主体，其积极运用文化的力量，致力于培养具有坚定理想信念、正确的世界观、人生观、价值观以及优良的道德品质和全面素质的学生。这一过程聚焦于校园的文化内涵，同时探讨文化如何积极作用于学生的成长，以实现高职院校、文化与育人之间的紧密联系和有机融合。要深入理解这一概念，可以从以下四个主要方面进行探究。

1. 高职院校在文化育人中担当主角

自改革开放以来，高职院校在某种程度上出现了功利化趋势，这在一定程度上导致了人文精神的低落和文化的某种缺失与衰退，进而对教学质量以及社会的持续发展产生了不良影响。因此，文化成为转变这一不良现象的关键。作为文化育人的主体，高职院校必须秉持文化育人的理念，并具备相应的自觉性。高职院校需要有目的、有计划地推进文化育人工作，例如，激发学校活力、增强学校魅力、挖掘文化资源、探索育人机制与模式等，这些都是高职院校的重要使命。同时，高职院校应具备辨别文化方向的能力，因为文化有优劣、新旧之分。高职院校的责任是把握教育方向，利用优秀文化来培养人才。总的来说，高职院校应融合中国特色社会主义的先进文化和中华优秀传统文化，以此来培养人才，同时要注意摒弃文化中的糟粕。

2. 文化是高职院校教育的重要工具

高职院校的本质属性是文化，它是一个拥有深厚文化底蕴和积淀的社会组织，也是文化传承、保留、生产和创造的基石。文化就像高职院校的命脉，正是这种独特的文化优势赋予了高职院校吸收多元文化的能力，并推动其对社会发展产生影响。作为育人的载体和基础，文化在高职院校中无处不在，学术研究和教学活动都以文化为根基。尽管文化的定义并非一成不变，但广义上它代表的是人类一切精神与物质财富的总和。根据性质、地位、人群、时间、地域和构成，文化可以有多种分类方式。

3. 学生是高职院校文化教育的核心受众

文化育人是高职院校的重要职责，它围绕"促进学生全面发展"的目标展开。高职院校不仅是人才培养的摇篮，更是以人为本教育理念的体现。近年来，学生们在思想信念上有所缺失，他们的人生观、世界观、道德观和综合素质普遍呈下滑趋势，这是一个社会问题。因此，当前的文化育人应更加注重学生本身，培养他们的坚定信念，提升道德品质，引导他们树立正确的价值观、人生观和世界观，从而提升整体素质。

4. 教育是高职院校文化的终极目标

高职院校的文化属性和定位决定了文化育人的最终目标。高职院校的一切行为都服务于育人工作，不仅要培养学生树立正确的三观（世界观、人生观、价值观），还要传授知识，提升他们的综合道德素质，使文化和教育紧密相连。在西方文化中，"教育"一词也有培养、耕作之意，可见教育是文化的一个重要功能。作为教育的重点场所，高职院校更需要充分发挥文化的这一功能，从而实现文化育人的目的。简而言之，就是高职院校作为主体，文化作为载体，学生作为主要对象，育人作为主要目的。

二、高职院校文化育人的四大特点

高职院校文化育人在教育方式上具有其独特性，主要体现在以下四个方面。

（一）隐性与显性教育的融合

高职院校在进行文化育人时，不仅要注重理论文化因素和物化文化因素的双重影响，还要兼顾隐性与显性两方面的教育方式。隐性教育主要体现在那些看不见的风气、心理氛围、校园舆论、学校传统以及整体的学校氛围等，这些都在潜移默化地影响着学生。显性教育则通过看得见的建筑、画像、雕塑等直观的文化载体，直接对学生产生视觉冲击和教育影响。在教育形式上，高职院校既采用间接的方式，如通过文化渗透和熏陶来培养学生的素质、精神和意识，也采用直接的方式，如举办讲座、课程知识竞赛等活动来提升学生的文化素养。在作用机制上，高职院校的文化育人既通过无意识的心理反应来影响学生，也通过学生的主观吸收来达到育人的目的。虽然短时间内学生可能不会有明显的改变，但长期的文化熏陶和影响将会带来显著的教育效果。

（二）感性与理性教育的交融

高职院校在育人过程中，要巧妙地结合感性与理性两种方式。一方面，学校通过直观的感官刺激，提供丰富的感性材料，帮助学生形成感性认识；同时，通过系统的深层文化教育，引导学生进行深入思考，培养他们的理性认识。另一方面，感性教育主要面向学生，让他们身临其境地感受文化的熏陶，通过感知形成潜移默化的影响和渗透；而理性教育主要针对高职院校的教育目标，明确人才培养方向，探索教学规律，以确保文化教育能够更好地为学生服务。

（三）核心与整体教育的统一

文化育人的核心在于塑造精神文化的价值观。学校在这一过程中发挥着重要的引领和感召作用，帮助学生树立正确的世界观、人生观和价值观。因此，文化育人的核心是传递正确的价值观。同时，高职院校的文化育人是一项整体性的工作，涵盖制度文化、精神文化、行为文化和物质文化等多个方面。高职院校不仅要关注学生社会主义核心价值观的培养，还要致力于提升学生的综合素质，实现全面发展。

（四）差异与综合教育的结合

不同的文化形态能够培养出具有不同个性的学生，这就是差异化育人的理念。不同的高职院校根据其文化特色，可以培养出具有独特校园文化烙印的人才。例如，军事院校和女子院校所培养的人才就各具特色。但即使是在相同的文化环境，由于学生自身素质的差异，他们对文化的接受和感知也会有所不同。高职院校通过融合多种教育方法和领域知识，将各种文化元素融合在一起，致力于培养出具有通识教育背景的复合型人才。

三、高职院校文化育人效应的理论支撑

探寻文化育人的理论基础，为高职院校的文化育人提供坚实的理论支撑，是研究高职院校文化育人效应及其实现路径的关键环节。文化育人这一实践活动，贯穿古今中外，其理论依据可以从中国传统文化、马克思主义先进文化以及思想政治教育等多个学科中找到。这些理论不仅为高职院校的文化育人提供了深厚的文化底蕴，也为其实践活动指明了方向。

（一）中国传统文化中的文化育人理念

中国传统文化蕴含着深厚的教育思想，其中"文以载道"的观念可追溯到古老的《诗经》。在《诗经·小雅·鹿鸣》中，"我有嘉宾，德音孔昭"一句，展现了德音——那些神圣而庄严的话语——在教化臣民方面的重要作用。随着时代的演变，德音逐渐与文学紧密相连，被赋予了道德伦理的深刻意义。

在《文心雕龙》的《原道篇》中，"德音"一词被多次提及，并强调文章的本质源于道德，是圣人用以教化的有力工具。这一观念在后世得到了进一步的阐释和深化。

唐代文学家韩愈提出"读文著书，歌颂尧舜之道"，强调了文学在传承和歌颂道德准则方面的重要性。韩愈的学生李汉也指出"文者，贯通之器也"，即文学是传递思想、沟通心灵的桥梁。同时代的柳宗元则明确提出"文者以明道"，强调了文学在阐明道德准则方面的关键作用。

周敦颐在继承前人思想的基础上，于《通书·文辞》中明确指出："文所以载道也。"这里的"文"涵盖了文章、文论、文学等多种形式，"道"则主要指儒家之道。这一观念的提出，不仅强调了文化在承载和传播儒家道德准则方面的重要作用，也为后世"文化育人"的理念奠定了理论基础。在古代社会，文章、文论、文学等作为文化的具体表现形式，不仅承载着伦理道德观念，还通过"文以载道"的方式，实现了对臣民的教化与引导。因此，"文化能够育人"的观念在中国传统文化中有着深厚的理论根基和实践基础。

（二）马克思主义视角下的文化育人观念

马克思主义作为一种科学的世界观和方法论，对自然界和人类社会的各个领域进行了全面而深刻的探究。在文化领域，马克思主义的文化观为我们揭示了文化的本质、功能以及其发展规律。

从马克思主义的视角来看，文化并非孤立存在，而是与物质生产实践紧密交织在一起。文化的起源可以追溯到人类早期的物质生产活动，而文化的积累逐渐转化为获得性遗传因素，这些因素在优化人的心智方面发挥着重要作用。

马克思和恩格斯进一步指出，文化不仅具有记忆和存储社会历史实践经验的功能，还能通过复制、传播和交流来突破时间与空间的限制，将过去、现在和未来的经验，以及直接和间接的经验整合在一起。这种整合形成的"传统"和"遗产"为新时代乃至全人类的实践活动提供了肥沃的土壤。同时，文化通过获得性遗传的形式推动了人类心智和能力的提高。

文化之所以具有育人功能，是因为它能够固化、储存、加工和传递社会信息。个体在社会实践中不断获取这些遗传密码，从而对自身的发展和人类社会的进步产生深远影响。因此，从马克思主义的视角来看，文化育人是一种深层次、全方位的育人方式，对于个体的全面发展和人类社会的进步具有重要意义。

（三）思想政治教育学视角下的文化育人

思想政治教育学强调，个体思想品德的形成与发展深受环境和情境的影响，而这些因素也进一步影响思想政治教育实践的效果。教育者应将思想政治教育与特定环境和情境相结合，特别是在情感层面，以促进受教育者形成正确的思想认识，并激发他们的情感共鸣。在一个自由、民主的教育氛围中，受教育者能够在潜移默化中受到熏陶和感染。

教育者可以充分利用环境和情境的隐蔽性、无意识性和非强制性特点，积极选择并利用环境中的有益因素，以渗透思想政治教育为宗旨，引导受教育者产生积极、健康的情感，使其形成良好的思想政治品德。同时，教育者还需警惕并规避环境中的不良因素，注重创造、设计和建设更加积极的环境与情境，从而有效地对受教育者进行渗透、熏陶和感染。

从这个角度看，高职院校文化育人的本质在于利用文化环境和文化氛围，潜移默化地熏陶和影响学生的理想信念、世界观、人生观、价值观、道德品质及综合素质等。

四、高职院校文化育人的影响与成果

"效应"一词原本用于描述化学和物理反应的结果，或解释某一事物变化所引发的相关状态的变化。在人文社科领域，效应则用来描述某一心理或社会现象的改变所引发的相关事物的变化。在教育领域中，育人效应是指通过恰当的教育方法和时机，精准把握教育方向，从而产生积极的、有价值的实践成果。

对于高职院校而言，文化育人的效应具体体现在通过文化的深远影响，促使学生素质发生积极变化，从而达成既定的教育目标。这种效应不仅从文化和高职院校两个角度深入探索育人的有效方式，还体现在对学生品格的塑造、身心的健康发展、行为的规范以及精神风貌的提升等多个方面。简而言之，高职院校的文化育人效应是一个全方位、多层次的积极影响，旨在全面促进学生的成长与发展。

（一）价值导向与目标服务

文化具有多样性，其中包含着各种各样的元素和价值观。高职院校作为文化交流的重要场所，为学生提供了接触并了解多元文化和价值观的机会。但有些学生可能会受到某些不良文化的影响，导致价值观的偏离。高职院校的重要职责之一就是通过弘扬社会主义核心价值观，消除不良文化的影响，正确引导学生形成正确的价值判断。

文化不仅为人们提供精神上的滋养，还为人们提供物质上的保障。高职院校可以通过精神和物质的双重激励，点燃学生的热情和进取心，激励他们为实现中华民族的伟大复兴贡献力量。

（二）精神凝聚与时尚引领

文化是由价值观、思维方式和生活理想等多个要素构成的。这些文化要素具有强大的凝聚力、向心力和推动力。高职院校通过精神引领，有意识地将个体汇聚在一起，利用自身的优势，树立新的社会风尚。通过赞扬和肯定来宣扬真善美，通过批判和否定来引导学生摒弃文化中的糟粕。

（三）品格塑造与行为规范

文化是艺术、习俗、道德、习惯和能力的综合体。在传承过程中，文化不仅塑造人的道德品质，还将固化的知识转化为活跃的文化力量。通过这些知识，人们可以塑造自己的品格，而人与人之间的品格也会相互影响。因此，作为最重要的社会组织，高职院校在知识的传授和交流过程中，应坚持正确的价值观，遵纪守法，遵守道德规范，对学生进行行为引导。它明确了社会责任，引导学生形成正确的价值观念，从而规范他们的行为。

（四）素质提升与心灵熏陶

"文化"一词在西方也有动词的含义，被视为对人类精神和身体的训练，涵盖了经验和知识两方面的素质。任何社会能力的提升都伴随着文化的发展和进步，并且能够解放人的能力，抚慰的心灵。高职院校应在传授经验、开展文化活动、教授知识和发展文化的过程中，潜移默化地陶冶学生的身心，提升他们的素质。

第三节 高职院校人才培育载体构建及其意义探讨

一、文化育人的媒介形式

文化作为"育人载体"的特性涵盖了文化知识和信息两个层面，这些要素既是育人的物质基础，也是其理念源泉。高职教育融合了职业教育和高等教育的双重属性。其主要目标是培养位于"生产、建设、服务、管理一线"的高级技能型人才。基于这些因素，高职院校要实现文化育人的目标，就必须促进学院、企业和社会三者之间的深度融合与整合。这种融合所产生的文化形态可以概括为学院文化、校企结合文化以及社会原生文化。接下来，我们将详细阐述这些文化形态的特点。

（一）学院文化形态

学院文化形态是文化育人的重要媒介。这种形态强调了高职院校独特文化内涵在教育中的关键作用，主要体现在两个方面：首先是传统的物质形态育人媒介，如展现学校办学特色的建筑风格，代表校园文化的园林景观，以及体现学校教育理念的名言警句、校训、校旗、校徽、校歌等；其次是现代的非物质形态育人媒介，特别是网络技术的运用。借助网络技术的迅速传播，以数字化的声、光、电、图像、语言文字等非实物形态来展示教育理念。

学院文化载体不仅是教育价值取向的集中体现，更蕴含了办学理念、目标、特色和风貌，这些内容已深刻渗透到教师和学生的工作与学习中，成为学校教育的核心追求。这种无形的文化渗透对师生，特别是对学生，产生了深远而积极的影响，有助于提升学生的综合能力，培养良好的素质，增强精神力量，树立正确的世界观、人生观和价值观，塑造人文精神，并培养创新能力。当学生未来进入社会时，他们将能够更快、更好地适应工作和生活。

在推进学院文化形态育人的过程中，高职院校应特别强调网络的主导作用，并进一步加强现代非物质载体的作用效能。但当前网络载体还存在专业性不足的问题，信息流传播与反馈活动常采用"双向互动"甚至"多向互动"的方式，使得整个过程难以掌控，可能导致学生在虚拟与现实之间产生认识偏差。为解决这些问题，我们应善于扬长避短、因势利导，将消极因素转化为积极因素，从而更有效地实现文化育人的目标。

（二）校企结合文化形态

校企结合方式是通过院校与企业之间的紧密合作，实现合作办学、共同培育人才、协同促进就业和推动共同发展的目标，这也是高职教育改革与发展的核心任务。为了达成"文化育人"这一核心目标，我们必须深化行业与校企之间的合作，并且这种合作模式已经取得了显著的成效。成功实践的证明，校企结合作为文化育人的媒介，主要包含以下几个方面：

（1）定制化联合培养。企业根据岗位需求，向院校明确所需人才的规格和技能标准。院校则根据这些要求，实施"定制化"的教学模式，以提升教学质量，帮助学生更好地为就业做好准备。在这种模式下，学生甚至有机会直接进入合作企业工作，从而减轻就业压力。

（2）工厂与学校深度融合。这种模式强调学校教学的实践性，将专业技能实训中心和教学生活设施移至工厂，形成"厂中学校"的格局。同时，企业的生产线、检测线以及企业文化理念与院校教育相互渗透、融合，实现"学校中的工厂"的概念。这两种形式的出现，真正实现了校企的深度融合，大大提升了学生的实践应用能力。

（3）基地互认机制。院校将合作企业视为科研、实习和就业的重要场所，而企业将院校视为培养高技能人才的摇篮。这种合作模式促进了学校和企业在育人方面的交流与合作，有助于双方相互学习和借鉴。

（4）学习与工作交替进行。学生在合作企业进行实践训练时，采用现场教学、轮班交流和边学边做的学习方式，使学习与工作紧密结合。

（5）国际合作与交流。院校积极吸收国际先进的教学经验和技术，为学生提供更广阔的视野和更高效的训练方法,推动学习成果向更高层次发展。

(三)社会层面形态

社会层面的形态主要聚焦于学生在实习、就业以及各类社会实践活动中所接触到的社会化文化媒介。这些媒介主要包括:①具有显著教育意义的社会公共文化载体,如博物馆、纪念馆、历史遗址和革命圣地等。②集娱乐与教育于一体、雅俗共赏的文化表达形式,如小品、相声、电影以及车贴等。③日常生活中随处可见的通俗文化元素,如饮食文化和饮酒文化等。尽管这些文化形态各不相同,但它们都强调了"文化自觉"的重要性。这要求文化工作者和宣传人员不仅要对文化有深入的了解,还要正视、理解、整理和传承我们的文化与历史。在尊重历史的基础上,我们还需加强文化理念的构建,营造浓厚的文化氛围,以此潜移默化地影响学生的心态。但在社会文化层面取得这些进展的同时,我们也应清醒地认识到,其中不可避免地会混入一些低俗文化元素。因此,学校的相关部门必须对此给予足够的重视。

二、人才培育载体的建设策略

在高职院校文化育人载体的构建中,我们应以服务为宗旨,以就业为导向,结合产学研相结合的职业教育理念,努力形成"以学校为主导、校企文化交融、学校与社会文化互动"的共建机制。

(一)校园环境与校史传承

随着我国高职院校的不断发展,"以学校为主导"的文化育人载体建设可细分为三个层面:①校史文化的传承。我们应提高校史展览室、荣誉陈列室等场所的利用率,并充分利用校园网等现代教育手段进行宣传,重点强调学校的"创业历程"和"发展史"。学校可以邀请历任校领导分享他们的创业经历,以加深学生对学校历史文化的了解,并增强学生的荣誉感。②校园文化的感知。我们应引导学生更加关注校园景观,从校园的风貌、文化地标、教学设施的变迁中,体会学校发展的艰辛和创业的不易,从而培养学生的进取心。③校园文化的体验。我们应重视校园文化的熏陶作用,采取潜移默化的方式,如通过碑刻、花坛景观、电子屏幕等学生日常熟悉的元素,将校园文化融入其中。此外,学校还可以通过举办"文化艺术节、体育节、德育节"等主题活动,提高学生参与的积极性,让他们更加自觉地感受文化的力量。

(二)校企合作与文化的相互认同

"依托行业企业进行教育"是高职教育的独特之处,与其他教育形式有着显著的区别。因此,我们必须充分利用这一特点,加强学校与行业企业之间的联系,并投入更多资源来构建"校企融合"式的文化育人载体。让学生直接参与企业的实际生产过程,提升他们的实践认知和职业技能。这无疑将成为高职教育的重点工作。在实施过程中,我们需关注以下几个方面:①企业文化的融入。高职院校应重视将企业文化融入教学之中,特别是优秀企业文化的传授。通过引入先进的管理理念和成功案例,使学生在学习过程中更好地了解未来职业的需求。②师徒制的教学模式。在校企合作中,我们应注重下厂实训和顶岗实习的环节,强化学生与车间师傅的互动,建立起类似"师徒"的关系。这样,学生可以在师傅的指导下,获得技能、技艺的传承,解决困惑,并培养良好的职业素养。③职业技能的认定。我们应鼓励学生参与职业技能大赛或进行专项技能训练,以提升他们的技术水平和实践能力。同时,以"获得国家或行业认可的技能鉴定等级证书"为目标,不断挑战自我,向成为"高端技能型人才"迈进。④企业精神的培育。在校企合作的平台上,我们应增强学生的企业意识,让他们在活动中深刻体验企业文化。通过合作实现共同目标,强化团队合作意识和社会责任感,这对培养学生未来就业中所需的企业精神具有重要意义。

(三)教育基地与行业楷模

在运用"社会形态文化育人载体"方法时,我们应特别强调示范和标杆的作用。通过突出导向育人、德育教化以及借鉴行业经验,我们可以实现"学校教育"与"社会教育"的深度融合。这种结合方式对教育成果具有极大的促进作用,其中,我们需要特别关注并开展"针对性"的工作。以下是对这些"针对性"工作的具体阐述。

1. 培育以爱国主义为核心的民族精神

我们应重视社会公共教育基地在培育民族精神方面的重要作用。以"八路军太行纪念馆"为例,该基地生动展示了八路军为了民族和国家英勇奋斗的历史。通过这类基地的教育,我们可以帮助学生树立强烈的民族意识,培养爱国主义精神,从而形成以爱国主义为核心的民族精神。

2. 弘扬以改革创新为核心的时代精神

我们应关注那些在推动行业创新方面发挥示范作用的单位。例如,山西潞宝集团通过不断创新发展,成功打造了循环经济产业,并建设了绿色生态型企业,实现了经济发展与生态保护的和谐共赢。因此,我们可以将这样的行业典范作为改革创新教育的实践基地。

3. 开展以促进学生就业为导向的创业教育

我们应重视杰出人物在教育中的重要作用。例如,全国著名劳动模范申纪兰，她选择放弃优越的条件和待遇，几十年如一日扎根在山区艰苦创业，这种精神赢得了人民群众的广泛尊敬。向学生讲述她的人生经历和创业历程，可以让他们深刻体会到艰苦创业与成功的内在联系，从而增强学生的创业信心和决心。

三、人才培育载体建设的深远意义

高职院校积极探索并构建多元化的文化育人平台，旨在为培育高端技能型人才提供坚实的物质基础和理念引导，从而实现文化教育的核心价值。

（一）丰富文化内涵，塑造学生品格

"高端技能型人才"不仅指掌握精湛技艺的人，还包括能够通过创造性劳动为社会作出贡献的人才。基于这一培养目标，高职院校在文化育人方面应着重关注以下几点：①促进学生的个性化发展。在教育过程中，应以学生为中心，避免将教师的思想和观念强加给学生，努力营造一个活跃、轻松的学习氛围。在这样的环境中，学生更容易找到自己的学习方向，激发学习兴趣，从而有助于培养他们的职业道德、职业精神和综合能力。②强化技能训练。在学生的工学结合实践中，既要注重文化的双向交流，也要确保学生所学的理论知识与实际应用紧密结合。我们强调"生产性实训与顶岗实习相结合"的技能培养方式，大力推动学生的技能提升。③激发学生的学习主动性和积极性。通过举办丰富多彩的文化活动，增强学生对职业的探索兴趣，引导他们怀揣"天将降大任于斯人也"的信念，勇往直前，努力奋斗，逐步实现自己的目标。

(二) 彰显德技双馨，提升师资水平

在培养高端技能型人才的过程中，教师的道德操守和专业技能对学生的成长具有深远的影响：①激发教师的敬业精神。通过树立教师的职业荣誉感和使命感，提升他们的自我认同感，使教师在教书育人的过程中体验到工作的喜悦和成就感。②夯实教师的基本功。借助校企文化交流融合的平台，积极推动教师的专业发展，提高他们的专业知识和实践能力。③强化教师的育人本领。通过加大培训投入，如设立企业专业教师实践基地和学校教学名师工作室，并加强师德师风建设以及教学科研能力的提升，从而全面提高教师的专业素养和实践能力。

(三) 传承文化精粹，铸就院校特色

在建设文化育人载体的过程中，我们注重以下几个方面的结合：①"挖掘内部潜力"与"利用社会资源"相结合，根据教育教学需求调整和优化文化育人环境，重点投入教学设施和实习实训基地建设，并合理分配资源，以强化与教育教学的紧密联系。②"动态调整管理"与"提升文化内涵"相结合，通过维护学校的办学声誉，推动校企深度融合和校社互动交流，创新办学模式，从而扩大社会影响力并吸引更多优秀学子。③"完善制度建设"与"加强过程监管"相结合，重视学校管理工作，建立健全相关规章制度，并强化质量监督，同时灵活运用各种方法和技巧，以全面提高学生的综合素质和应用能力。这样，我们不仅能够传承优秀传统文化，还能够打造出独具特色的院校品牌。

第四节　探索高职院校文化建设以培育高技能人才

大学文化是高校独特本质和内在精神的象征。但与普通高等院校不同，高职院校在大学文化的主流讨论中似乎一直被忽视。每当提及大学文化，人们首先想到的是知名学府的文化风采，它们似乎成为大学文化的代表，而高职院校的文化建设却很少受到关注，长期处于文化的边缘地带。这种情况的产生，当然可以部分归因于高职院校相对较短的发展历史和作为新生事物的地位，但更为关键的是，高职院校在很长一段时间内未能重视自身的文化建设。

一、高职院校文化建设人才培育的基石与目的

（一）高职院校文化建设的基石

文化的发展本质上是人的全面发展，以人类作为文化进步的起点，并基于文化建设的整体视角，高校的核心使命在于培育人才。学校文化主要通过对人才目标的设定来体现，这在一定程度上展现了学校的育人理念，即学校通过何种途径和方法来培育人才的基本价值观，以及对人才培育的基本要求和准则。

高职院校在培育高技能人才时，注重广泛的适应性、出色的创新能力、精湛的生产技艺和专业技术。这类人才的培养范围包括高级技工、技师以及具有出色技能的技术工作者。因此，高职院校在高技能人才培养方面具有引领作用，这意味着文化建设应围绕高技能人才的培养来展开。

高职院校通过与企业合作及产学融合的方式培养高技能人才，使其文化建设融合了企业文化和产业特性。换言之，学生不再局限于单一的理论学习，而是在教育与产业的交汇点上将文化融入其中，使文化建设具备产业和教育的双重属性。这样，学生就能从单一的理论学习中跳脱出来，在校企融合的环境中，既掌握理论知识，又获得高级技能，从而塑造出兼具学校与企业文化特色的新型人才。这种人才与传统意义上的白领或金领有着明显的区别。

（二）高职院校文化建设的最终目标

文化的多样性体现在各个层面和领域，这正是其吸引人的地方。文化最忌讳的就是千篇一律，缺乏特色就意味着失去了价值。例如，一些本科院校崇尚学术至上，减少行政干预，这种深厚的文化氛围源于对历史文化的传承和对学术价值的追求。与此不同，高职院校则更注重展现大学文化的共性特点，同时突出高职教育的独特属性，以打造不同于一般大学的文化特性。

从目前的情况来看，高职院校文化建设的起点是培养高技能人才。其文化建设以服务发展、促进就业和提高质量为导向，汇聚学校、社会及其他行业和地区的力量，创造出独具特色的校园文化。这种文化特色的构建可以从精神、物质、制度和行为四个文化层面展开。①精神文化层面：融合高等教育和职业教育的特点，追求科学、民主，并注重实践的职业精神。②物质文化层面：彰显高职院校的教学特色，通过专业技能、生产一线和职业领域三个方面具体体现其职业特性与高等教育特性。③制度文化层面：在产学研合作的基础上，坚持严谨的治学和治校原则，为跨界合作提供更多的保障。④行为文化层面：在坚持高等教育特点的同时，大力倡导职业性和实践性，使学生能够展现出大学的文化底蕴和企业精神。

总之，高职院校文化的多元化特质使其校园文化建设具有显著优势，并展现出强大的生命力。

二、高职院校文化建设人才培育面临的挑战

文化建设是一个持续演进的过程，涉及探索、发现、完善、提升和净化等多个阶段。这个过程循环往复，逐步提升。校园文化是在传统基础上，通过现代化发展展现出其包容和多元的文化魅力。但多数高职院校由中专或技校转型而来，发展历史相对较短，因此其文化内涵相对不够深厚。迫于教学压力，教育工作者往往将大部分精力投入到扩大教育规模上，而忽视了文化建设的重要性。事实上，高职院校在快速发展的过程中创造了巨大的价值，但却常常将文化建设置于次要地位，缺乏必要的投入和重视。

近年来，高职院校已经开始重视文化建设，并积累了一定的经验。但从整体上看，其文化建设仍处于初级阶段。特别是高职教育的特色不够鲜明，这在一定程度上影响了其培养高技能人才的核心目标。

（一）偏离"人才培养"的核心

当前，高职院校在运营方面存在经验不足的问题，规划缺乏合理性和系统性，导致文化建设的核心目标和架构不够清晰，进而使得文化建设的方向不够明确，高职院校文化的持续发展面临困境。

在进行文化建设时，高职院校往往缺乏全面的布局和规划，仅仅依赖一些学生团体、二级学院和相关专业的小型活动。这些活动影响力有限，

难以形成有深度的校园文化，也无法充分体现学校的特色。这主要体现在以下几个方面：①文化活动缺乏创新，多数活动具有政治性，往往根据党和国家的动态来组织，形式单一，难以激发学生的兴趣。②学生社团活动主要集中在体育和娱乐方面，虽然能吸引学生参与，但与高校培养高技能人才的目标相去甚远。③学校在文化组织管理上缺乏宏观思考和战略规划，甚至未能明确办学方针和高技能人才培养目标。有些院校甚至将思想政治教育与学校文化混为一谈，仅将文化局限在教室和学生娱乐活动中。此外，一些院校热衷于购置设备、扩建校舍、扩大校区，表面上蓬勃发展，实际上却反映出精神文化建设的匮乏和落后，缺乏现代化高校应有的气质。

综上所述，由于缺乏政策引导，高职院校在文化建设中的重点工作和基本原则等方面显得相对匮乏，这阻碍了高职教育在区域和行业中的经济发展作用。只有充分激发高职院校的文化创新活力，发挥政府、行业和学校的主导作用，并与企业协同合作，才能实现高职院校培养高技能人才的核心目标。

（二）缺失"以技能为本"的目标

高职院校的文化建设应以培养高技能人才为核心，将技能培养作为基本目标。但目前高职院校在文化建设上缺乏规范的实施方法，过于强调学术性而忽视职业性，导致校园文化建设缺乏独特性，与同类院校过于相似，跟风现象严重。具体表现为对高技能人才培养相关文化内涵的误解，缺乏对历史传统、文化特色和专业优势的认知，违背了学校与企业、产业和区域文化的发展规律。

根据高职院校的发展规律，其办学基础、专业设置、服务对象和地域特色等应与本科院校有所区别，以展现其独特的风貌。但由于认知上的偏差，文化建设过于关注共性和表层结构，而忽视了其独特的精神内核和深层理念，最终导致高职院校失去自身特色，沦为众多普通院校中的一员。

此外，有些高职院校在文化建设中将学术性放在次要位置，过分强调职业性，生硬地将企业文化引入校园文化建设。由于缺乏对企业文化的吸纳、融合和优化意识及能力，高校的文化建设偏离了正确的方向，使得校园文化建设流于形式。这使高职院校不仅失去了企业文化的灵魂，还丧失了大学文化的特色。

（三）匮乏"以文化人"的根基

为了防止高职院校的文化建设走向工具化的误区，我们必须将学生的人文情感和基本素质视为学校职业技能培训的基础，这两者在高技能人才培养中都扮演着举足轻重的角色。

高职院校在高技能人才培养的过程中，往往过分注重实践性培养和就业导向。虽然学生获得了坚实的技能基础，但由于忽视了人文教育和全面素质的培养，从而失去了大学德育的核心价值。

在某些高职院校中，文化建设甚至被当作一种宣传手段，仅为校园文化竞争服务，远离了立德树人的教育根本。这些院校未能充分利用各种资源和平台来创建特色文化，严重偏离了高职院校的人才培养宗旨；有些院校则过度热衷于组织各种赛事，将大量资源集中在为少数师生服务上，忽视了全面培养高技能人才的基本目标。另外，在竞赛活动中甚至出现了商品销售的现象，这完全背离了高校文化建设的初心，使文化建设沦为追求商业利益的工具。

三、高职院校文化建设人才培育的路径

高职院校的文化建设不是短期内可以完成的,而是一项需要长期投入和精心规划的系统性工程。其核心目标是培养高技能人才,立足于学校的特色和本质属性,将企业、行业、区域和学校等不同文化元素融合在一起。通过战略性的布局和有效的机制创建,以及对主题活动的重点强调,我们不断进行实践探索,积累并优化文化建设成果,从而逐步推动高职院校文化建设的进程。

(一)运用顶层设计思路,服务于高技能人才的培养

顶层设计是从整体战略布局出发,全面规划并优化各个要素,以发挥其最大优势的方法。对于高职院校来说,这意味着要围绕"高技能人才培养"的核心目标,联合政府部门领导、企事业单位代表、文化界知名人士以及教育专家等多方力量,共同策划文化建设方案,建立完整的文化体系,以实现培养高技能人才的目标。通过这种顶层设计思维,我们可以更全面地服务于高技能人才的培育工作,推动高职院校的持续发展。

1. 以文化为先导的办学思想

办学思想是学校健康发展的基石,它主导着学校的文化建设并起着关键的引导作用。由于高职院校的办学时期、服务对象、隶属关系及办学地域存在差异,师生群体具有其独特性。因此,我们需要根据师生的实际需求,深入探讨办学的途径、原因,明确要培养的人才类型及学校的办学定位,从而树立正确的学校文化发展观、人才观和价值观,以塑造学校文化。实际上,文化建设不仅推动学校专注于特色发展、教育发展和文化内涵的丰富,还能通过文化教育人,传承和创新特色文化。因此,我们应树立以文化为引领、特色发展为重

点、务实创新为基础、育人为本的办学方向，有效提升师生的凝聚力，打造独具特色的校园文化。

2．构建具有自主创新特色的文化

为了构建具有自主创新特色的文化，高职院校需要将区域文化、企业文化和学校文化三者相融合。具体可以从以下三个层面进行实施：①在以最新价值观为导向的校内活动中，充分展示并弘扬师生代表所创造的实质性成果。②广泛传播师生代表的优秀事迹、学校的教育理念以及社会主义核心价值观等突出成果。③通过校歌、校徽、学风、教风、校风以及校训等一系列系统标识来展现学校的特色。通过这些措施，我们可以进一步加强对高职文化的培养，包括自尊、自强、自立、自信的精神，以及创新创业的勇气、求真务实的态度和远大志向的追求。

3．构建"成事成人"的文化教育体系

企业与学校的目标导向存在显著差异。企业主要以市场为导向，追求产品的高合格率，一旦产品达到标准，即视为企业目标的达成。相对而言，学校则更注重人才的全面培养，学生毕业仅仅是一个成长阶段的结束，其个人发展仍具有广阔的可塑性。因此，高职院校在人才培养过程中，应超越对单一技能的过分关注，将"以人为本"作为核心教育理念。我们应从社会公民、企业员工和高校学生等多重身份出发，设计并实施"素质与技能并重"的综合性教育方案。通过这样的方式，将区域文化、企业文化和学校文化有机融入高职技能培养课程，以高效提升学生的专业技能和文化素养，从而培育出既具备高度专业技能又拥有深厚文化素养的优秀人才。

4．构建敬业创新的环境文化氛围

加强区域、学校和企业之间的紧密合作，精心打造包括景观、建筑等在内的各种设施布局,这些设施不仅承载了历史文化底蕴,还体现了现代感和先进性。同时,加强实训场景的建设,通过构建"校中厂"模式,引入行业领先企业的技术标准、责任意识和经营理念,以展示其行业的先进性和代表性。

为了进一步提升育人质量,我们加强了与企业的合作,共同搭建了育人平台。在这个过程中,我们优先考虑引进一流的实训设备,并将行业和企业的工作氛围引入高职院校,通过模拟真实的生活和工作场景,培养学生的职业观念和价值观,使他们能够更好地适应未来的企业工作环境。

5. 崇尚技能与技术的文化建设规章

在高校的文化建设过程中,规章制度不仅是学校教育理念、人才理念和价值观念的反映,而且是师生对民主管理、行为规范以及共同理想的追求。将高技能人才培养作为制度文化建设的核心,同时充分借鉴和吸纳企业制度文化的优点,是当前高职院校面临的重要任务。

通过与顶尖企业及区域经济社会文化的深度融合,我们实施了"6S"管理文化和日常的"三班制"工作模式,以此推动产学研的紧密合作。我们将学习技能、创造业绩、贡献力量、取得进步作为激励方向,构建了内部分配制度。为了进一步体现民主机制,我们创新性地制定了师生行为准则,引入了企业精益求精和爱岗敬业的职业精神,从而有效提升了师生作为"职业公民"的素质修养。

(二)构建彰显职业技能特色的文化建设体系

与本科院校相比,高职院校在文化建设上有着独特的理念。本科院校更注重立德树人,而高职院校以培养高技能人才为核心,同时强调技能与职业文化的双重性。这种文化的多元性需要通过建立一个长期有效的机制来实现目标。

1. 以学校精神为根基，塑造核心技能文化，铸就特色品牌

从表面上看，办学竞争似乎是品牌和人才的竞争，但实质上，它是文化的竞争。在高职院校的特色文化建设中，我们应从职业教育的核心价值出发，同时融入人文精神和科学精神，突出其实践性和职业性。为了提升高校文化建设的品质，我们需要着重打造特色，立足当前，传承历史，并通过师生的实践力量深化这一进程。例如，我们可以通过举办各种形式的活动，如社团文化节、读书文化节和技能文化节等，全面激发学生的兴趣，提升他们的文化素质和专业技能，从而提高他们的综合素质和品格，打造出具有文化品质的特色院校。

2. 依托多元化的文化特点，遵循高职教育的规律

我们将立德树人和产教融合作为基本办学理念，促使师生共同形成整体推进、全员参与的文化建设思想。通过与相关文化机构合作，我们建立了规划、管理和协作的联动机制，旨在培养出一支高素质、具有创新意识的管理团队，并充分发挥师生社团的作用。同时，我们与企业、行业和政府部门携手，创建文化共享平台，融合区域、学校、行业和企业的多元文化，从而开创新的方法和渠道，培养具有实践能力和创新精神的高技能人才，实现全面发展。

（三）展现"以技能立足，以文化培育人"的高职教育特色

高职院校在文化建设过程中必须强调"通过活动来教育人"，将教育目标融入各类活动组织，使技能特色成为高职院校的标志性文化特质。除了组织具有实际价值的主题活动，高职院校还应进一步构建技能文化的展示平台和载体，让技能文化的氛围贯穿于各类主题活动之中，使学生在潜移默化中受到技能文化的熏陶。

1. 高职教育文化讲堂

文化讲堂为学生提供了一场文化盛宴。高职院校应结合自身实际情况，充分发挥特色文化的引领作用，邀请教育领域的专家、行业权威人士、企业领导、文化名人、高技能人才以及杰出校友代表等进行专题讲座。通过讲解社会形势、分享创业经历和成功故事，培养学生的归属感、荣誉感、责任感和方向感，帮助他们找到自己的定位，并增强自信心。

2. 职业素养培训基地

高职院校的学生专业方向明确，就业区域也相对集中。因此，区域内的历史文化遗址、名人纪念馆、企业文化示范单位等，都可以成为学校"以文化育人"的重要资源和素质培训基地。学校应引导学生深入探索并感悟区域行业和企业的优势与特色，从而领会审美和道德的深刻内涵，增强学生的自我认同感和荣誉感，激发他们的自豪感和责任感。

3. 培育技能创新型学生组织

"实践锻炼"对于学生的成长至关重要。学校应鼓励学生自发组建"自我管理、研学结合、强化技能、创新发展"的创新型学生组织，以项目为导向，鼓励学生将专业学习、社会实践和科学研究相结合，深入行业企业、周边高校、社区等，参与或协助解决基础性问题，培养学生善于观察、勤于思考、乐于动手、善于合作的习惯和能力，实现"在实践中成长"的目标。

4. 举办技能文化节活动

"技能文化节"不仅是学生展示技能的舞台，也是社会了解学校的窗口，还是企业与学校深化合作的桥梁，更是学校检验教育成果的载体。学校应定期举办此类活动，以促进政府、行业、学校、企业的合作办学。比赛项目应体现学校的专业重点和特色，并在真实的职业环境中进行。企业可以通过项目冠名、制订方案、提供资金、举办专题讲座、提供现场服务等方式参与其中。此外，还可以将比赛项目与职业资格考试相结合，由政府职业资格鉴定考评员担任评审。部分获奖学生可以获得相应的职业资格证书，以此激发学生的学习兴趣和热情，形成"热爱技能、精通技能、享受技能"的技能文化氛围。

参 考 文 献

[1] 任永辉. 新时代高校文化育人理论与实践研究[M]. 贵阳：贵州人民出版社，2023.

[2] 麻富游. 以文化人：高职文化育人研究与实践［M］. 武汉：华中科技大学出版社，2022.

[3] 张慧. 高职院校文化育人的多层透视[M]. 西安：西北工业大学出版社，2020.

[4] 禹云，伍锦群，朱燕. 高职院校文化育人的理念与实践研究［M］. 沈阳：辽海出版社，2017.

[5] 邓菁菁. 文化哲学视域下高校文化育人路径探索：基于00后大学生群体特点［J］. 黑龙江教育（高教研究与评估），2021（6）：62-64.

[6] 卢秀峰. 新时代高校文化育人的意蕴与实践路径探索［J］. 吉林广播电视大学学报，2021（3）：95-98.

[7] 史金虎，秦益霖，王海燕. 新时代职业院校文化育人体系的重构：现实、原则与路径［J］. 职教通讯，2021（5）：62-67.

[8] 冯刚. 新时代文化育人的理论考察[J]. 学校党建与思想教育，2019（5）：4-7.

[9] 刘小旦，李山岗. "三位一体"传统文化育人体系的构建与实践：以晋中学院为例［J］. 晋中学院学报，2021（3）：72-75.

[10] 刘莲香. 新时代思想政治教育文化共同体的构建：内涵、境遇与路径［J］. 学术探索，2020（7）：139-145.

［11］刘萌．高校优秀传统文化育人体系构建路径研究：以曲阜师范大学为例［J］．汉字文化，2021（7）：165-166．

［12］刘彩娜，刘楠楠．文化自信视域下高校文化育人提升机制研究［J］．边疆经济与文化，2021（8）：104-106．

［13］严敏，邓欢．试析高校校园文化育人体系的优化［J］．学校党建与思想教育，2021（16）：35-37．